基于供需关系的伊犁河谷水供给服务流的调控研究

JIYU GONGXU GUANXI DE YILI HEGU
SHUI GONGJI FUWULIU DE TIAOKONG YANJIU

胡继然　姚　娟　著

中国农业出版社

北　京

图书在版编目（CIP）数据

基于供需关系的伊犁河谷水供给服务流的调控研究 /
胡继然，姚娟著. -- 北京：中国农业出版社，2025.9.
ISBN 978-7-109-33520-2

Ⅰ. TV213.4

中国国家版本馆 CIP 数据核字第 2025ZM5891 号

中国农业出版社出版

地址：北京市朝阳区麦子店街 18 号楼
邮编：100125
责任编辑：姚　佳
版式设计：王　晨　　责任校对：吴丽婷
印刷：中农印务有限公司
版次：2025 年 9 月第 1 版
印次：2025 年 9 月北京第 1 次印刷
发行：新华书店北京发行所
开本：700mm×1000mm　1/16
印张：11.75
字数：180 千字
定价：88.00 元

本书出版得到新疆维吾尔自治区科技厅 2022 年重大专项"新疆马产业关键技术研发"项目课题"马文化旅游资源开发与智慧马业体系建设"（项目编号：2022A02013－4）资助

课题主持人：姚娟　教授

（新疆农业大学）

本书出版得到国家自然科学基金项目"新疆天山世界自然遗产保护地生态系统服务的旅游消费测度及调控机制研究"（项目编号：41961046）资助

课题主持人：姚娟　教授

（新疆农业大学）

目　　录

第1章 CHAPTER 1

绪　论

1.1　研究背景与研究意义

1.1.1　研究背景

淡水资源被认为是维持人类福祉最基本的资源，也是人类直接或间接从自然生态系统中获取价值最高的生态系统服务[1]。但由于经济发展、人口增长及气候变化造成的极端天气影响，淡水资源的需求逐年增加[2]。预计到 2030 年，世界将面临 40％ 的淡水短缺[3]，淡水资源不足已然成为世界各国面临的主要环境挑战之一[4-6]。水资源的不合理开发与利用导致供需矛盾突出、水环境日益恶化，被严重破坏的自然生态环境直接威胁人类的生存和发展，水资源危机已引起世界各国的重视与担忧。为摆脱水资源所处困境，清洁饮水已列入联合国 2030 年可持续发展目标[7]。

在我国，党的十九大报告明确提出推进水资源全面节约和循环利用，实施国家节水行动[8]；党的二十大报告也指出实施全面节约战略，推进各类资源节约集约利用[9]。2019 年，我国颁布的《国家节水行动方案》明确指出，我国居民节水意识较弱、用水粗放、浪费严重，水资源利用效率与国际先进水平存在较大差距，水资源匮乏在较大程度上制约着生态文明建设和经济社会可持续发展[10]。为实现 2035 年我国水资源节约达到世界先进水平的目标，全民节水行动迫在眉睫。新疆深居内陆，水资源时空分布不均衡且"天花板"效应突出。2020 年新疆维吾尔自治区政府工作报告也提出实行最严格的水资源管理制度，严守"三条红线"不动摇[11]。2023 年 11 月，水利部领导在调研新疆水利工作时强调，要深入贯彻落实习近平总书记关于"节水优先、空间均衡、系统治理、两手发力"的治水思路，扎实推动新疆水利高质量发展，为美丽新疆建设提供有力的水安全保障。水资源利用效率决定着新疆经济社会发展的空间，水资源对流域水循环和水量平衡的重要作用与人类福祉关系极其密切[12]，尤其对于干旱地区的内陆河流域而言，生态系统稳定和可持续发展的意义重大[13]。

伊犁河谷作为中哈跨境的内陆河流域区域，也是丝绸之路经济带生态保护的重点区域，水资源安全对经济发展和"一带一路"生态环境建设具有重要战略价值。作为新疆南北疆地区的重要集水区，其涵养水源和水质净化功能是各族人民赖以生存和发展的资源与环境基础[14-15]，保障生产、生活和生态用水成为首要任务。然而，随着农业耕地面积的扩张，灌溉用水量的大幅增加挤占了生态和生活用水空间，特别是受当地经济发展、产业结构以及落后的生产经营方式等因素的影响，低水平的水资源开发利用率加剧了流域水资源的结构性短缺[16]，造成水资源供需严重失衡[17]。伊犁河谷地区存在水资源供给能力与经济发展水平的不相匹配性，且在水资源充沛的区域，生产和生活用水浪费严重，水资源的非市场化、无序和低效利用等问题显著。城镇居民家庭用水缺乏价格弹性[18]，提高水价在减少浪费方面的作用有限。水资源作为准公共物品[19]，其外部性无法限制人类的无节制利用行为，是导致水资源供求矛盾日益尖锐和水环境日益恶化的根源所在[20]。与此同时，气候变化、人类活动更加剧了流域的生态风险，引发地下水位下降、水土流失及生物多样性减少等生态环境问题[21-23]，继而削弱了流域生态系统提供水资源的能力[24]。事实证明，人类的错误行为对生态系统功能及其服务具有强大的破坏力，对个体行为实施有效干预则是改善生态环境问题的重要途径[25]。人类是生态系统服务的惠益者也是影响者，人口增长和社会经济发展对流域生态系统的过度开发，导致水供给服务退化，造成水供给服务的供需矛盾和错配，严重阻碍了社会、经济、生态整体利益的协同发展。那么，该如何调控水供给服务流以服务于区域可持续发展？已然成为当下亟待研究的主要课题。

伊犁河谷水资源目前面临的问题既涉及自然生态系统供给，也涉及社会经济系统对水资源的利用以及供需之间的传递和转化。仅从静态水资源视角展开研究，难以揭示问题症结所在，对症下药。水资源是人类从生态系统中获取的价值最高的服务，生态系统服务是人类直接或间接从自然生态系统创造的良好生态环境中获得的所有惠益[26]，暗含着服务"从何处来"和"到何处去"的动态过程。本研究从生态系统服务视角出发，以水供给服务流为研究主体，将更有利于系统地、全面地揭示供需矛盾成因，推动区域水资源管理，促进水资源安全。

伊犁河谷生态系统水供给能力减弱、水供给服务低效利用、供需错配等问题的产生并非供给侧或需求侧的"一己之力"，而是"供—需"双方共同作用的结果。因此，若要解决水供给服务面临的问题，需要综合考虑"供—需"双方，全面探讨水供给服务从自然生态系统产生到社会经济系统利用的全过程。水供给服务流作为连接供给区和需求区的纽带[27]，在水供给服务的生产、传递、转化和消费过程中扮演着重要角色。对干旱地区的绿洲型经济发展来说，合理调控水供给服务流是化解供需矛盾的关键所在，也是进行高效有序的水资源管理，实现水资源可持续高效利用和均衡性的重要举措。那么到底该如何调控水供给服务流以服务于区域可持续发展？这是一个值得深入探讨的问题。

鉴于此，本研究以伊犁河谷为研究区域，分别从宏观和微观视角共同探讨水供给服务供给和需求的时空分异特征及其影响因素，并以此为基础从耦合、平衡、匹配三个方面讨论水供给服务的"供—需"关系，进而揭示水供给服务的空间流动特征规律，明晰子流域尺度上水供给服务的供给区和需求区的数量和空间分布、供给区的供应能力以及水供给服务流的流量、流向和流动路径等；并将节水情景纳入水供给服务的配置模拟与调控之中，选择出最优配置方案。最后，综合研究结论提出促进水供给服务流适配高效的对策建议，以期为区域可持续发展提供借鉴。

1.1.2　研究意义

1.1.2.1　理论意义

本研究以水供给服务流为选题，以供需关系为基础，在结合生态系统服务流的相关理论及定义的基础上，定义出了水供给服务流的概念，分析了水供给服务流的形成机理，构建了水供给服务流调控研究的理论分析框架，并在子流域尺度上识别出了水供给服务的供给区和需求区，利用空间可视化表达了水供给服务流的流量等级、流向及流动路径，体现出了对生态系统服务流研究的深化与推进，有利于推动干旱区内陆河流域水供给服务流及其相关理论框架体系逐步完善。

1.1.2.2　实践意义

水供给服务是伊犁河谷陆地生态系统中最重要的生态系统服务之一，亦是生态系统服务保护的重中之重。本研究为伊犁河谷地区制定生态保护措施提供了科学指导，有利于推进生态环境改善，保障生态系统服务功能的提升，增强水供给服务韧性，尤其对生态系统的可持续供水能力改善作用明显；并且有利于促进水供给服务高效利用，推动干旱地区内陆河流域区域社会、经济、生态整体利益的协同发展。

1.2　国内外研究现状

1.2.1　生态系统服务供需研究

1.2.1.1　生态系统服务供给和需求研究

目前学界主要从经济学、生态过程和人类社会三个方面入手，通过衡量货币价值量、物质量和社会价值来测度生态系统服务的供给水平[28]。Costanza[26]是最早衡量生态系统服务货币价值量的学者，1997年他在《Nature》上发表的全球生态系统服务价值评估一文，助推了生态系统服务价值评估进程。近年来，从经济学角度出发，以货币价值量衡量生态系统服务价值的研究众多，主要采用能值分析法[29]、享乐价格模型[30]等空间量化核算[31]以及空间修正的当量因子法[32]、价值当量法[33-34]和当量因子法[35-36]等方法评估生态系统服务价值。

随着社会不断发展，仅从经济学角度量化生态系统服务价值已无法满足需求。从物质量角度衡量生态系统服务供给水平的研究成果不断增加，通过运用InVEST模型的产水、水质净化模块和碳储量模型，识别生态系统服务的空间分布规律[37]，并结合CA-Markov模型和Logistic回归模型评估生境质量[38-39]；或者应用GIS分析土地利用/覆被变化对产水功能的影响[40]。休闲娱乐功能、历史和文化价值以及愉悦身心价值等在内的文化服务都体现了生态系统服务的社会价值，它与人类社会关系较为密切。

因此，较难使用单一指标来反映其供给能力。其中，对大熊猫文化服务供给能力的评估，主要采用了大熊猫的空间分布和交通可达性指标进行测度[41]。

生态系统服务（文化服务）价值评估还可借助利益相关者的认知和感知水平，不同利益相关者对生态系统服务的认知存在显著差异。对湿地生态系统服务来说，游客对其旅游休闲服务的认知度较高[42]，居民对其净化空气服务的认知度较高[43]，而农民则对其调节气候、保护生物多样性以及供给水产品的认知度较高[44]。农户认为文化林的重要服务功能是固碳释养、水源涵养及美学价值，而农田防护林最重要的服务功能是防风固沙。利益相关者均对荒漠河岸林的防风固沙服务认知度较高，且认为生态输水的生态效益大于经济效益[45-47]。通过对一系列模型和方法的探索得出，相关研究已从单一方面评价生态系统服务价值扩展到讨论其多方面价值，综合探究生态系统为人类提供的整体效益——这也是当前及未来生态系统服务供给能力研究的主要方向。

生态系统服务实际需求的计算方法多种多样，这取决于生态系统服务多样的分类方式。就淡水和食物等供给服务而言，需求量通常由直接利用和消耗的数量决定。其中，淡水供给服务需求可由农业、工业、人口和生态等用水量加总计算得出；粮食需求服务被分为人口粮食、饲料用粮、工业用粮、种子用粮以及粮食耗损五种类型[28]。韩增林等[48]和岳文泽等[49]分别以土地利用、人口和经济现状及人口密度、地均 GDP、夜间灯光亮度和土地利用强度等指标评估生态系统服务需求。生态系统服务需求的影响因素较多，既包括生物物理环境、人口规模、文化偏好和群体感知力[50]，也包括人类对生态系统服务的消费指数。在不同时空范围内，存在人类过度消费某些生态系统服务或人类的生态系统服务需求未被满足的现象。

1.2.1.2　生态系统服务供需关系研究

生态系统服务供需量化评估与空间制图是生态系统服务研究领域的前沿和热点[51-53]。国外学者主要依靠土地利用估计[54-55]、生态过程模拟[56-57]、数据空间叠置[58-59]、专家经验判别[60-62]、InVEST 模型[63]、ARIES 模型[64-65]等方法来评估全球或区域尺度上不同生态系统服务的供需水平。国内学者关于生态系统服务供需的研究尚处于初级阶段，多以供需理论探究为重点[66]，部分学者以洞庭湖、长三角地区、北京市为案例展开研究[67-69]与成果应用[70]。主要集中于生态系统服务供给量和需求量测度、供需平衡和供需匹配衡量及其空间均衡度、空间集聚特征、权衡关系等研究，并通过空间叠加分析，识别生态系统各功能分区。

在研究区的选择上，多以县[71-72]、市[73]和流域区域[74]为主，时间尺度以一年期或多年期为主。在研究对象的选择上，多选择产水服务、固碳服务、粮食生产、土壤保持等多类型服务[75]，少有学者仅选择单一服务类型[76]。在研究数据的使用上，具有广泛性，既包括气候、土壤、植被等遥感数据，也包括经济发展水平、人口密度等统计数据。在研究方法的选择上，具有一致性特征，其中在生态系统服务供给量的测度方面，多使用 InVEST 模型方法，仅少数学者使用供需矩阵法[77]和价值法[48]。在需求量测度方面，较多使用人口密度与人均使用量的乘积计算总量[78]，仅少数学者使用供需矩阵法和构建脆弱性指标法[79]。在供需匹配方法的选择上，数量匹配计算多选择供需比方法；空间匹配多使用供需匹配指数 Z-Score 法[80]。耦合协调模型也被用来探究生态系统服务供需协调程度[81]，以及采用 Pearson 相关系数探究各生态系统服务的权衡协同情况。生态系统服务供需研究的目的，一方面是加强生态系统管理和合理配置资源；另一方面是划分生态管理或修复区，制定生态管理措施[82]。

城市化进程改变了自然生态格局，也破坏了生态系统服务功能。为加强城市生态系统管理，学者们分别探究了甘肃[83]以及深圳[84]、兰州[85]、厦门[86]等省市生态系统服务的供需关系，采用了生态服务供需评价矩阵方法、核密度估计法及改进的两步移动搜索法，分析了生态系统服务的供需匹配性、供需关系变化成因及需求水平。高原、平原、流域作为供给不同生态系统服务的载体，以其为研究区探讨生态系统服务的供需关系是合理制定生态系统管理政策的基础。学者们以黄土高原[87]、松嫩平原[88]、伊河流域[89]为研究区，分别应用 InVEST 模型、ArcGIS、GeoDA、生态系统服务供需比、相关性分析、K-means 聚类分析、生态系统服务矩阵制图等方法，对粮食供应、水源涵养、碳固存、土壤保持、产水量等生态系统服务的供需关系进行研究，为国土空间格局优化提供决策依据。

1.2.1.3　生态系统服务供给和需求的驱动因素研究

生态系统服务过程的复杂性受到生态系统多样性和动态性的影响，生态系统服务变化的驱动因素多种多样且不断变化，理解和测量影响生态系统服务的机制至关重要[90]，驱动因素总体上可分为两类：既包括气候[91-92]、生物多样性[93]、土地利用/覆被[94]等自然驱动因素，也包括旅游及其他人类活动[95]等人为驱动因素。

（1）自然驱动因素

气候变化影响着生态系统服务稳定持续的供给水平，进而深刻影响着区域可持续发展能力[96]。年均降水量对生态资产具有显著的促进作用，年均气温的升高对低分位水平下的生态资产具有显著的抑制作用，而对高分位水平的生态资产具有正向推动作用[97]。气候因素是影响产水变化的主导因素[98]，降水对产水量的影响要远大于土地利用变化的影响[99]；林地对产水量和营养物沉积具有显著影响[100]；苏格兰地区未来的气候变化将降低农业灌溉用水和发电能力[101]。

（2）人为驱动因素

人为干扰度稳定在一定范围内对生态资产具有显著的正向促进作用[97]。例如，伴随着社会经济的发展，人口因素对南京市生态系统服务价值时空变化的影响相对于经济因素更为显著[102]。总人口、第三产业比重和万元 GDP 能耗是驱动南昌市生态系统服务价值变化的主要因素，且都对人均生态系统服务价值产生负向影响[103]。宁夏的生态系统服务价值时空差异的主要驱动因素是人口密度、城市化率、人均 GDP 以及境内外旅游收入[104]。

人类生计与生态环境的相互关系已变成人地系统科学讨论的热门[105]，农户生计与生态系统服务之间有着密切的耦合关系[106]，农户把生态系统为人类提供的供给、调节、文化及支持服务用于维系自身的谋生活动，而农户的生计活动也影响着生态系统的结构与功能。生计方式是影响生态环境的重要人为因素[107]，不仅关系着对自然资源的利用，还涉及对生态环境的维护[108]。与当地生态环境不相兼容的生计方式对生态系统具有毁损作用，而传统的生计方式与生态系统相适应，具有生态价值[109-110]。因此，不论是传统生计方式还是新型生计方式，只有过度的生计活动才对生态环境具有一定的破坏作用。譬如放牧作为牧户传统的生计方式，也是草地生态系统中最常见的生计活动，不同放牧强度对草地生态系统的破坏力相差较远，相关研究通过讨论放牧强度对草原枯落叶分解的影响发现[111]，放牧影响着草地的碳贮量，过量和不合理的放牧方式将导致草地退化，损失草地的碳贮量[112]。

尽管煤炭工业在确保国民经济能源安全方面发挥着至关重要的作用，但它也导致了各种生态环境影响的产生[113]，如露天开采造成的景观和地下水破坏以及土地和植被破坏，地下采矿活动导致的地面沉降问题[114]。煤炭开采活动对产水量的影响较大，一方面煤炭开采会破坏地表土壤和植被，间接影响产水量；另一方面，煤炭加工产生的有毒气体会释放到大气中，影响降水条件，对产水量产生直接影响[115]。工业废水直排入海、工业废气排放等活动对区域海洋生态系统服务价值有较大影响，特别是废水直排入海活动影响显著[116]。

在城市化发展过程中，建设用地不断扩张，一方面导致部分农业生态区植被覆盖度下降，生态系统服务量有所降低[117]；另一方面，城市建设用地等不透水层增加，促进了流域产水量[118]。部分学者对城市土地利用情况也进行了研究，城市化的推进和人类活动的增加极大地改变了城市地区土地的利用方式，对城市生态系统服务和居民生活环境产生了重大影响[119]。自然本底条件和生态保护政策是驱动生态调节服务簇变化的主要因素，建设用地面积的变化是驱动人居环境簇时空变化的主要因素[120]。

土地利用变化不仅是生态系统服务变化的重要驱动力[121]，也是影响生态系统服务价值的重要因素，对两者关系的讨论具有重要价值[122]。土地利用变化将作用于生态系统的格局和过程，从而影响提供生态系统产品和服务的能力[123]。刘桂林等[124]研究发现，长三角建设用地面积变化最大，总的生态系统服务价值减少，水源涵养等生态服务功能价值上升。刘永强等[125]研究发现，2000年后湖南省生态系统服务价值持续降低，其主要原因在于，城乡的建设用地不断增加，而草地和耕地的面积不断减少。李屹峰等[126]认为，林地面积增加和耕地面积的减少，在一定程度上增强

了当地生态系统的土壤保持和碳固存服务，同时减少了水供给服务；建筑
用地的扩张会大幅度削弱水质净化功能。刘金勇等[127]研究发现，农田和
绿地是影响生态系统服务价值改变的主要因素。作为全球环境变化的主要
驱动力，土地利用的改变起着至关重要的作用，导致地表结构发生巨大变
化，并影响到基本的生态系统服务[128]。

关于退耕还林政策实施后的生态系统服务变化，学者分别选取不同退
耕还林案例进行分析，研究区域的选择既包括国家层面[129]，也涵盖部分
城市层面[130-131]。其中，学者通过研究渭河流域发现，退耕还林（草）工
程的实施使其林草面积增加，水源涵养和固碳服务增幅较大[132]。南方红
壤区退耕还林后的净初级生产力、农作物生产、土壤保持和产水总体增
强，但部分区域呈现减弱趋势[133]。退耕还林后，榆林市的土壤侵蚀得到
有效控制，生态系统服务价值获得提升[134]。总体看来，退耕还林政策的
实施取得了较高生态效益。

禁牧限牧作为生态修复的关键措施之一，已变成草地休整和保护的重
大举措[135]。草地围封禁牧和开垦均显著改变了草地的植被群落特征[136]；
放牧对草地生态系统碳库有着重要影响，而禁牧是恢复退化草地植被和土
壤有机碳库的重要路径[137]。随着禁牧年限的增长，伊犁绢蒿种群的高度、
盖度及生物量均呈现上升态势[138]。除此之外，学者还探究了耕作方式对
土壤养分、有机质、微生物的影响如何作用于土壤生态系统，以及应用土
壤管理技术实现农户生态友好型目标等[139-140]。

1.2.2　生态系统服务流研究

1.2.2.1　生态系统服务流的分类及特征

（1）生态系统服务流的分类

生态系统服务流的分类标准包括：空间分类、主体移动特征分类和驱
动力分类[141]，Fisher 等依据空间分类标准，将生态系统服务流分为：原
位服务流、全向服务流和定向服务流三类，具体如图 1-1 所示。

依据主体移动特征分类标准分类，可分为服务移动流和用户移动流。
依据驱动力分类，可分为自然驱动服务流、人为驱动服务流和自然—人为
复合驱动服务流，具体分类情况如表 1-1 所示。

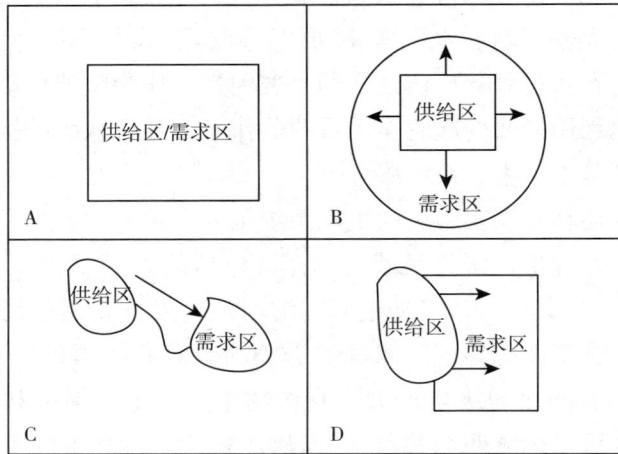

图 1-1 基于空间位置关系的生态系统服务流分类[141]

表 1-1 生态系统服务流的分类

一级分类	空间分类			主体移动		驱动力		
二级分类	原位服务流	全向服务流	定向服务流	服务移动流	用户移动流	自然驱动服务流	人为驱动服务流	自然—人为复合驱动服务流
定义	ES的供给区与需求区重叠	ES从供给区沿各个方向传递到需求区	ES从供给区沿某一方向传递到需求区	ES主动从供给区转移到受益区	用户直接转移到供给区，主动获取ES	自然力作用下流动	人工力作用下流动	自然力与人工力双重作用下流动
举例	土壤	碳汇	水供给服务	淡水	旅游	天然降水	粮食运输	海水养殖

注：ES为生态系统服务（Ecosystem Service）的英文缩写。

（2）生态系统服务流的特征

生态系统服务流的特征包括时空特征、载体特征和量化属性特征[142]。

时空特征。生态系统服务流具有时间尺度依赖性，其从供给区转移到受益区所需要的时间长短不一。按照时间尺度由大至小将服务流进行排序，依次为土壤形成等支持服务[143]、农产品的供给服务[144]和授粉服务[145]。从局地尺度到全球尺度范围内，生态系统服务依靠空间流向人类提供惠益[146-147]。就森林生态系统来说，不同空间尺度下，人类侧重服务流传递的服务各不相同。全球尺度、区域尺度和局地尺度下，人类依次侧重碳汇、碳存储、维持气候平衡和水源涵养及维持生境、休闲娱乐等服务[148]。生态系统服务流的空间尺度与时间尺度之间存在联系，空间尺度越大，时间尺度就越长。这也意味着生态系统服务流（如淡水供给服务）可能需要更长时间才能在更大的空间范围内实现效用。

载体特征。生态系统服务流通过载体传递生态系统服务，大部分生态系统服务是跨尺度交付，需要依托水、空气、动物等载体工具才能实现。载体分为非生物因子载体和生物因子载体，其中非生物因子载体包括：水、空气、土壤；生物因子载体包括：动物、植物、微生物及公路、水运、航运。水资源是载体也是服务，既可运输营养物质，也可用于饮用和灌溉。生态旅游、景观游憩和休闲服务等部分生态系统服务并不需要载体，由受益者主动到达生态系统服务供给区获取服务[149]。

量化属性特征。生态系统服务流具备空间流动性，主要包括流向、流速和流量三个属性特征[27]，如表 1-2 所示。

表 1-2　生态系统服务流量化属性特征

特征	流向	流速	流量
定义	供给区传递到需求区的方向	依据传递的时空尺度确定，在一定程度上代表人类获取服务与产品的效率。流速：空间/时间＝流速	具体流量（服务量）
影响因素	受载体影响	受自然环境和人类活动的影响	受自然生态和人类需求的影响

1.2.2.2　生态系统服务流各环节及基本关系

（1）生态系统服务流的空间单元分布

如图 1-2 所示，生态系统服务供给区（SPA）：指生物与非生物成分的全部集合[150]；生态系统服务连接区（SCA）：指连接区（汇）即生态系统服务的滞留区，会减少服务流的流量，如大坝和水库[151]；生态系统服务需求区（SUA）：指使用或消费生态系统服务的区域，如人类社区和居民区[150]。

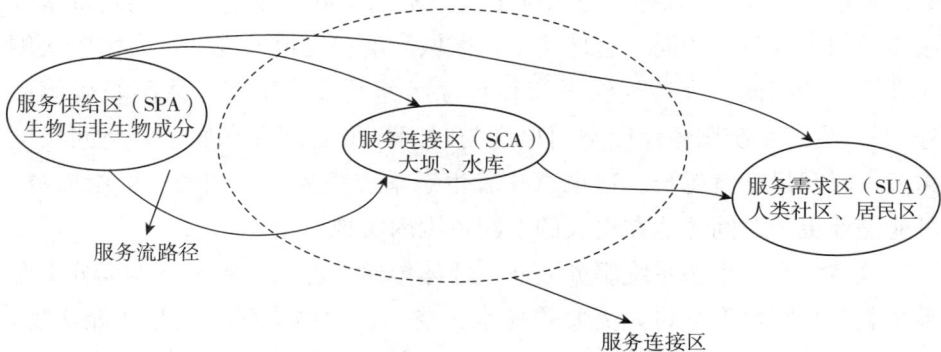

图 1-2 生态系统服务流的空间关系[152]

（2）生态系统服务供给、流量和需求的关系

生态系统服务供给与需求的空间不匹配导致了生态系统服务由供给区向需求区循环的过程[153-154]。以供给潜力量和流量的差值衡量生态系统服务是否可持续，当生态系统服务供给潜力量大于或等于流量时，表明生态系统服务是可持续的；反之，则表明生态系统服务是不可持续的。以流量和需求量的差值衡量需求是否被满足，当流量大于或等于需求量时，表明需求是被满足的；反之，则表明需求未被满足。需求能间接驱动流量和供给，其结果将促使生态系统规划管理和制定生态系统补偿政策。

1.2.2.3 生态系统服务流评估

（1）行政区域间的生态系统服务流评估

生态系统服务对人类社会经济发展起着重要的支撑作用，由于大多数地理区域在物质、能量和信息流动方面是开放的，则一个地区生态系统服务的使用受其他地区的生态过程和生态管理制约。虽然国家边界常常在某种程度上限制贸易和人员流动，但在地方或地区边界存在生态系统服务跨区流动。因此，许多研究忽视了对区域间流动生态系统服务的依赖、国内政策对域外生态系统服务影响以及区域间远程耦合[155]。

生态系统服务是多样的且以复杂的方式在空间中流动，在偏远地区生态系统管理的生态影响方面也发生了耦合[156-157]。区域间生态系统服务流动提供了从其他地方进口生态系统服务和向其他地方出口生态系统服务的机会。世界上一个地区的消费模式可能严重影响另一个地区的生态系统退化，生物多样性丧失的直接和间接驱动因素也与全球贸易流动有关[158]。这可能导致某个国家或地区依赖于世界其他地区的粮食、资源和生态过程[159]，从而引发国家安全问题。进一步表明，进口国对供给生态系统服务的国家负有责任[95]，双方产生了相互依赖。生态系统服务流动通常会影响国民经济，并可能引发国家安全和全球公平问题。因此，探究供给和需求系统之间的生态系统服务流势在必行[159-161]。

相关学者的研究评估了国家或地区之间的生态系统服务流动，将跨地区生态系统服务流量评估实际应用于生态系统服务的供给、调节和文化服务，区分了四种不同类型生态系统服务在区域间的流动情况（贸易货物流动、被动生物物理流动、物种迁移扩散及信息流动），为后续生态系统服务流的研究提供了指导[162]。Drakou 等[163]展示了不同类型的区域间流动如何结合起来为中间用户或最终用户创造利益，并通过绘制金枪鱼渔业的生态系统服务流动图来说明，以物种为媒介的流动结合了贸易和价值链中的其他流动。在文化服务方面，Semmens 等[164]调查了通过迁移物种介导的文化生态系统服务流，量化了迁徙帝王蝶提供的空间流量，研究发现帝王蝶的迁移将墨西哥的生态系统供给系统与美国的生态系统需求系统联系了起来。Bagstad 等[165]分析了观鸟、生存收获和北方针尾捕猎的生态系统服务流；Hulina 等[166]研究了与迁徙相关的生态旅游中的生态系统服务流。

生态系统服务的空间流动范围从局地到全球相互作用，并超出区域水平，被动生物物理过程和货物主动运输，信息分配以及人员出行[167]。识别区域间生态补偿价值流，有利于环境规划和完善不同行政区的生态补偿政策。学者应用综合生态系统服务价值的生态系统服务区际流量分析方法，对长三角城市群不同行政区域间生态系统服务流动进行了评估，结果发现总生态系统服务价值在 2000—2019 年呈增加趋势，其中浙江省是服务供给区，安徽省为水源涵养受益区，江苏省为土壤保持受益区[168]，并非所有相关者都能从生态系统服务中平等受益，权力关系是关键因素[169]。还有学者引入熵理论对北京市四大生态系统服务流进行量化评估，结果发现北京市城市生态系统服务总熵值为 0.794，总熵流为 −0.024，处于濒临非健康状态，且人口数量与城市生态环境高度相关[170]。在生态系统服务流与生态补偿相结合的研究中，学者利用重置成本法将生态系统服务流量纳入生态补偿机制[171]；或构建基于生态系统服务流的生态补偿模型，计算补偿额度[172]以及在量化生态系统服务供需的基础上，通过生态系统服务高值或低值聚合状态，判断供给区和需求区，并利用生态系统服务流研究生态补偿[173]。生态系统服务流的探究有助于了解生态系统服务从生成到使用的空间流动路径，促进受益区向供给区付费[174]。从农产品贸易[175-177]、物种迁徙[178]、帝王蝶观赏[164]、洪水保护[95]等研究中认识到了生态系统服务流的重要性。

（2）重点区域的生态系统服务流评估

应用 ArcGIS 水文模块和核函数评价青藏高原保水、保土、固碳、生物多样性保护、沙尘暴防治、旅游 6 类生态系统服务功能，综合分析了青藏高原的重要性水平，考虑生态系统服务流量后，生态重要区向三江源区核心区转移[179]。红熊猫栖息地供给服务和文化服务：高海拔牧场季节性——放牧、用于医药和食物——植物材料、能源——野生植物、跨人类文化以及自然的宗教互动；依赖性因季节和地点而异[180]。碳储存、改善空气和水质、生物多样性将其定性为山神提供的文化服务被提及（地区以外的人认为其有价值）。从跨界生态系统服务流的角度评估内蒙古的生态安全屏障功能，计算了防风固沙、供水、固碳和牲畜产品的跨境价值流[181]。为更进一步认识生态系统服务流，学者们引入断裂点公式和场强公式评估了生态系统服务的流动范围和流动强度[182-183]。

1.2.3 水供给服务流研究

1.2.3.1 水供给服务流的定量化评估

淡水服务发挥供给和调节两大功能，其在满足人类社会的生产、生活和生态用水需求的同时，还具备美学欣赏价值，提供了休闲娱乐的机会。同时能够保护生物多样性，实现碳元素转移和泥沙运送[71][184]。淡水供给服务流是流域内连接自然生态系统与社会经济系统的纽带，在流域内的水循环以及人类生存发展的过程中扮演着重要角色[185]。水供给服务量化研究多集中于应用 InVEST 产水量模型定量分析水库或流域的产水量、水质净化、水源涵养等功能的时空变化差异[186-187]。伴随水文模型的逐步完善和改进，学者们开始注重研究产水服务供需之间的相互作用及其空间关系，这使得水文过程模拟和水生态足迹研究成为一个热门研究领域。VIC模型、WEAP 模型、SWAT 模型等[188-190]传统水文工具可用于模拟不同土地利用类型、土地覆被和 DEM 条件下的产水服务，例如邓鹏等[191]利用 VIC 模型模拟了淮河中上游地区降水、地表径流、地下径流和植被涵养水量等不同水量要素的空间分布。同样，朱文博等[192]利用生态足迹算法和投入产出模型评估了中国各省区淡水供给服务的生态足迹及其动态流量和影响因素。

在对生态系统服务流研究不断深入的同时，以水供给服务流为重点的研究也在不断推进，它被认为是最有价值的生态系统服务。徐洁等[193]采取 InVEST 模型和社会经济数据确定了东江湖流域水供给服务产生和使用之间的相互作用，并推测了水供给服务未来的空间流动特征。Ilse[194]描绘了洪水调节服务的供给区、连接区和需求区，为建立水供给服务流模型奠定了基础。陈登帅[195]和张城等[196]分别以延河流域和渭河流域为研究区，利用 SWAT 模型和 VIC 模型确定供给区和受益区的空间分布、流量以及量化水资源供需情况，并通过构建水供给服务流模型，模拟水资源安全格局。

1.2.3.2 水供给服务流的空间流动

水供给服务流是连接服务供给与需求的纽带，对水供给服务供给和需求进行识别、度量、空间化及耦合分析是生态系统服务流研究的重要组成部分。Schröter 等[95]认为淡水服务流是被动生物物理流动，既包括通过生物和非生物过程长距离提供有益的流动（如淡水），也包括防止有害的流动（如洪水调控）。水服务流模型的构建为探索水安全提供了工具，其中 Li 等[197]为了解淡水生态系统服务供给与消费之间的联系，开发了水生态系统服务流模型；Cheng 等[198]以渭河流域为例，将生态系统服务流量模型纳入水安全，模拟水安全空间格局；Qin 等[199]使用简化路径归因网络模型（SPAN）于水安全模拟中。水供给服务流模型的使用揭示了淡水供给服务从供给区到受益区的传递路径，但由于淡水服务传递过程较为复杂，受自然和人为因素影响较多，需进一步完善。

学者们多以包括气象观测、土地利用、统计年鉴等在内的多源数据为基础，采用了 RUSLE、InVEST、CASA、ArcGIS 等多种模型和方法，分别以西南喀斯特地区[200]、云南小江流域[28]、湟水流域[74]、珠江三角洲为研究区，量化其土壤保持服务、产水服务、碳固定服务、食物供给服务的供需时空或盈余变化特征，确定服务流传输路径，并通过构建生态系统服务空间流模型[201]，明确服务流动格局。任檬等[202]仅以淡水供给服务为研究对象，构建了水产出服务供需平衡与空间流动模型，在子流域尺度探究了涟水流域水产出服务的供需空间匹配特征与流动规律；昝欣等[203]采用了 InVEST 模型和市场价值法相结合的方法，从空间和货币的角度说明了永定河上游流域的水资源供给情况。

干旱地区内陆流域的水资源天然匮乏，为了实现流域内水资源的均衡利用，人类活动人为地对上游水资源进行了合理配置。其中灌区在水资源分配中发挥着至关重要的作用，对水资源具有重要的控制力和影响力[204]。通过对水资源管理政策中规定的总用水量进行管理，在指导内陆河流域水量分配方面发挥着关键作用，配水工程的规模和流量变化，展示了水供给服务的流动[205]。Dongjie G[206]以长江流域为例，在量化水供给服务供需基础上，构建"供给—流—需求"模型，并利用贝叶斯网络模型模拟了多场景下水供给服务流的路径、流向和流量。

1.2.4 水供给服务利用研究

1.2.4.1 水供给服务利用概念

水供给服务利用是生态系统服务利用的一种类型，目前已有学者展开了对生态系统服务利用类型和外部性方面的讨论。夏涛等[207]研究发现江苏连云港、盐城、南通近海生态系统服务利用类型多为供给服务和文化服务共同主导的综合开发利用型；陈东军等[208]通过对生态系统服务价值实现机制的讨论，致力解决生态系统服务利用的外部性问题。

1.2.4.2 水供给服务利用行为

水供给服务利用作为人类利用生态系统服务的重要组成部分，其利用行为存在于人类社会生活之中。由于对生态系统服务利用行为研究存在较强主观性，目前学者关于生态系统服务利用研究的文章较少，多集中于对生态系统服务价值的研究。虽然，生态系统服务利用行为的研究匮乏，但人类社会无时无刻不在利用生态系统服务。尤其是对水供给服务的利用，为了利用生态经济推动绿色发展，本研究将从用水行为、水消费行为和节水行为/可持续用水行为三个方面，阐述水供给服务的利用行为。

（1）用水行为

赵勇等[209]基于物理机制构建了饮用、烹饪、洗浴、洗衣、冲厕、拖地、养殖7种用水行为的层次区间，除了饮用完全是刚性用水之外，其余6种用水行为均包含刚性用水、弹性用水和奢侈用水三类层次。各类生活用水行为的用水量受用水意识影响[210]；水危机意识和水价感受显著影响自来水用水量，但是水危机意识越强、感觉水价越高的人用水量却越大，这进一步说明用水行为的刚性特点[211]，且居民节水意识大都局限于"节约用水，减少水费"层面[212]。Bayat S 等[213]探究了土耳其804名大学生用水行为及其影响因素，结果显示大学生的用水量意识并不高，只有经常参加体育运动和积极参加俱乐部活动的学生对用水量的敏感性较高。Delpla 等[214]评估了加拿大人民水质满意度和用水行为之间联系的因素，发现饮用水质量与自来水的总体满意度之间存在松散联系，耗水量与自来水的味道、气味和颜色满意度密切相关。Salimi 等[215]以伊朗15个城市家庭为研究对象，应用模糊层次分析法和模糊 VIKOR 方法，探索广告类型对改善伊朗城市居民用水行为的影响，结果发现使用动画的广告对消费者行为的影响最大，并且可以在改变用水模式方面发挥重要作用。

姜海珊等[210]认为各类生活用水行为的用水量受居民个体特征、日常用水活动、用水设施、收入水平等多种因素的影响。①个体特征：性别、年龄对节水行为模式均存在影响，家庭月收入仅对个人节水行为有显著影响，而学历仅对社交节水行为存在影响[216]；生活用水量与年龄阶段和性别等个体特征呈显著的规律性变化，女性平均用水量比男性高13%，青年女性用水需求最高，老年男性用水需求最低[217]。②日常用水活动：马桶是否节水、每周洗浴和拖地次数以及收入水平等都对家庭用水产生影响[218]；Keshavarzi 等[219]认为在伊朗农村家庭中，花园面积、温室大小和每月花园浇水时间与耗水量有关，消费者文化的改变对减少用水量具有显著影响[220]。③家庭特征：Ozyazgan 等[221]学者探究了土耳其半农村地区的303人日常用水行为及其影响因素，得出婚姻状况与居民用水行为显著相关。

（2）水消费行为

Kristin 等[222]运用比较价值观——规范和身份模型探究了美国成年人的水消费行为，指出生物圈价值观与环境自我认同和个人规范正相关，环境自我认同与个人规范相关，而个人规范与水消费行为正相关；Rocío 等[223]选取哥伦比亚三所学校中 12～15 岁的学生作为家庭用水量教育运动的推动者参与实验活动，研究指出住房类型、社会经济阶层、租房居住等社会经济因素以及生活质量显著影响水消费行为的变化。Tatsuya 等[224]探究了老挝万象两个村庄居民家庭生计资本对水消费行为的影响，研究发现自然资本和物质资本延迟了连接供水系统，更倾向使用地下水；家庭成员较多的家庭倾向连接供水系统；金融资本刺激了购买优质的水，社会投资主体有利于促进家庭之间相互合作。

（3）节水行为/可持续用水行为

许冉等[216]基于因子分析法将居民节水行为划分为个人节水行为和社交节水行为。前者只需要"愿意节水"的节水态度，且会给居民带来减少水费支出的直接经济回报；后者需要"愿意为节水而改变用水习惯"的节水责任感，不仅不能带来经济回报，反而需要居民投入时间成本甚至经济成本。加强城市人口的节水行为将通过减少需求和改变行为来提供替代解决方案，而不是传统的增加供水的方法[225]；在不降低生活质量的前提下，家庭节水可通过检查和修复房屋周围的漏水、用手洗碗、降低洗衣机水位、满负荷使用洗碗机、废水再利用、换装节水器来减少用水量[226]。Jonathan 等[227]探究了波特兰都会区家庭夏季用水的潜在态度和行为因素，发现支持节约用水的态度直接影响了夏季用水量的减少，且影响着景观美化和采用保护技术。

农户采用各种生产节水方式，如农艺、工程和生物等方式，这些不同的方法通过替代和互补关系共同发挥作用[228]。农业节水技术是以滴灌和喷灌为代表，在不降低农作物产量的前提下减少水资源投入，同时还可以提高用水效率，在相同水耗的情况下提高作物产量，农户应用节水灌溉技术的行为意愿受资金和技术因素约束[229]。小麦的高效节水灌溉技术和节水品种选育技术是技术体系中至关重要的组成部分，两种主要技术的采纳均受种植面积、农业用水价格和政府推广服务的显著影响[230]。美国西部的新手农民在缺水时期实践节水，使用灌溉改良、土壤健康实践和试验耐旱作物来应对干旱条件[231]。

（4）节水行为的影响因素研究

从心理因素分析，节水知识、技能、态度、情感及价值观等对居民节水行为存在显著影响[232-233]。认知和行为之间存在较强的关联性[234]，农户认知对农业节水技术采纳行为意向具有显著影响[235]，环境信念与节水行为间接相关[236]。社会规范对农户采用先进节水技术行为具有显著的正向影响，且各维度的影响效果不同[237]。另一部分学者将心理因素纳入同一理论分析框架，综合讨论各因素对不同群体节水行为的直接或间接影响，主要运用了价值—信念—规范理论[238]、计划行为理论[239]以及规范激活理论[240]。Kang 等[241]构建了水信念、水态度、主观规范与可持续用水行为综合模型，研究发现功利性水信念、生态性水信念和水资源关注显著影响了消费者的可持续用水观念和行为。

从外部情境因素分析，外部情境对节水行为的影响主要通过水价、政策、社会经济和自然环境等因素实现。①水价因素：农业用水价格激励体系显著正向影响农民的灌溉行为[242]，当水价较高时，大农户比小农户更倾向于采用节水灌溉技术[243]。Ozyazgan 等[221]探究了土耳其半农村地区的 303 人日常用水行为及影响因素，得出高水价与居民节水行为显著相关；Bayat S 等[213]认为水费的增加对家庭节水运动的影响最大。②政策因素：政府政策因素中政策激励显著影响农户工程节水技术采纳行为，政策补贴对农户采纳农艺节水技术有显著影响[244]，且与资金补贴相比，节水基础设施建设和设备投入在促进农民长期实施节水灌溉技术方面更为有效[245]。③社会经济因素：Liu 等[233]通过对农村居民的研究发现，厨房、淋浴设施的布置等农村建筑特点显著影响农村居民的节水行为；Momenpour Y 等[246]应用因果分析方法得出经济和外延因素是影响伊朗小麦生产者节水行为的最重要因素。④自然环境因素：Ananga 等[226]研究指出干旱和淡水污染对家庭节水运动的影响最大。

从社会结构因素分析，Hannibal 等[247]认为生活在干旱地区的个人更倾向于改变行为和进行小额财务投资以节约用水。在农业生产中：农户年龄对采用节水技术的影响显著为负，年轻农户更倾向采用节水技术[248-249]。农业劳动力数量、灌溉水源和灌溉方式等特征对采用节水技术具有显著的负向影响；相反，农业年收入、小麦和玉米种植面积对农户采用节水技术具有显著的正向影响[250]。农户兼业程度对节水技术采用行为具有负向显著影响，农户越是以非农工作为主，对农业投入时间越少，其采用先进节水灌溉技术的可能性也越低；反之则越高[237]。Hilimire K 等[231]学者探讨了美国西部的新手农民如何在缺水时期实践节水，并使用二元逻辑回归解释农民参与节水的作用，管理意识和教育水平在节水策略方面发挥了积极作用。

1.2.5　水资源（水供给服务）优化配置研究

水资源的优化配置是一种行之有效的方式，可以提高水资源分配的效率，这种方法已经得到了广泛的实践和改进，并且已经产生了各种有效的配置方法。部分学者建立多目标水资源优化配置模型，分别以渭河流域陕西段[251]、衡水市[252]、山西省盂县[253]、甘肃省黑河中游[254]、玛纳斯河流域[255]为研究区，构建了多目标优化模型，并基于 MOEA/D 算法、萤火虫算法、欧氏距离的交互式模型等不同模型求解方法，制定出水资源优化配置方案。学者还将改进算法应用于水资源配置研究中，常一帆等[256]将改进蝴蝶算法应用于邯郸市水资源优化配置模型求解中，并从帕累托前沿中选择了缺水量最少为最终方案；李新德等[257]利用鲸鱼优化算法研究了邯郸市东部平原地区水资源的优化配置。黄显峰等[258]建立了一个考虑碳足迹的区域水资源优化配置模型，并利用了理想点和遗传算法的多目标规划方法。

学者利用系统动力学在处理多层次、多反馈、复杂时变系统问题上的优势，以其单独讨论水资源配置问题，或者与其他模型相结合共同讨论。李韧等[259]以乌鲁木齐市为例，建立了一个系统动力学模型，用于探究区域经济和社会背景下的水资源分配情况，并在该模型中设立了不同类型的节水方案，以模拟用水量的情况。张相忠等[260]以青岛市为研究对象，应用耦合系统动力学模型和多目标优化法构建城市水资源可持续利用体系。杨光明等[261]将模糊数学建模与系统动力学相结合，建立了水资源可持续发展能力评价体系和模型，创建了各种水资源承载力情景，并通过动态评价和模拟来预测各种情景下的水资源可持续发展能力。伍鑫等[262]以北京市为例，以再生水作为非常规水源的代表，采用区间两阶段方法，建立水资源配置模型，评估了非常规水资源在配置体系中的作用。

　　总体来看，在水资源优化配置方面，学者们运用了多目标优化配置模型、改进算法和系统动力学模型以及多方法相结合展开研究。不同方法在研究中各具优势，在水资源配置中发挥着重要作用。尤其是将节水纳入水资源优化配置过程中，能全面反映出生产、生活和生态用水在社会经济发展中的需水潜力。因此，本研究优先考虑将节约用水纳入水资源配置中，以促进实现水资源优化配置的总体目标。

1.2.6　文献述评

　　综上所述，生态系统服务流定量化研究是近年来的热点问题，生态系统生物物理过程的多样性和复杂性，使得定量化研究进展缓慢。已有定量研究中，在研究范围方面，涉及本地、国家或地区之间的生态系统服务流动；在研究对象方面，涉及供给服务流、文化服务流和调节服务流。生态系统服务流的定义、分类及特征研究的不断深入，为水供给服务流的研究奠定了理论基础。水供给服务流作为供给服务流的主要类型之一，已有研究多集中在对水供给服务的供给和需求进行识别、度量、空间化及耦合分析等方面。

　　目前学界对水供给服务流的研究还处于初步探索阶段，尤其以"供一需"关系为基础探讨水供给服务流的调控研究较为欠缺，主要存在以下几点不足：一是在水供给服务的供给侧，多以生物物理模型定量评估水供给服务的供给量，缺乏从水供给服务利用层面去考察水供给的质量，忽视了水供给的基础工程对水供给服务的传递和转化作用。二是在水供给服务的需求侧，多计算流域水供给服务需求总量，缺乏对水供给服务需求时空异质性，以及对不同个体的水供给服务利用行为差异的探讨。三是把研究重点集中在水供给服务的供给侧或者需求侧，而对"供一需"两侧关系的探讨相对匮乏，且已有水供给服务的供需研究也多与其他生态系统服务一同讨论，缺乏针对性，难以精准识别出时空尺度差异下流域水供给服务的供需矛盾和供需错配类型。四是已有研究多是从静态视角对水供给服务展开讨论，缺乏对水供给服务的空间流动过程的特征规律识别，且较少从子流域尺度确定水供给服务流出的供给区和流入的需求区及其之间的流动路径。

因此，本研究结合研究区实际，以供需关系为基础，实现对区域水供给服务空间流动的动态把握和调控，将成为干旱地区内陆河流域水资源管理的重要尝试。本研究以伊犁河谷为研究区域，在县域尺度的宏微观层面量化水供给服务供给和需求的基础上，从耦合、平衡、匹配三个方面探究水供给服务的"供—需"关系，识别时空尺度下供需错配类型，进而在子流域尺度上揭示水供给服务的空间流动特征规律，讨论出水供给服务供需系统配置模拟的调控方案，最后提出促进水供给服务流适配高效的对策建议，以期为区域水资源管理提供参考，助推流域水安全，从而实现区域可持续发展。

1.3 研究目标与研究内容

1.3.1 研究目标

针对伊犁河谷地区存在的水生态、用水结构不合理及低效利用等问题，本研究以 2005—2020 年统计数据、自然环境数据以及实地调研数据为基础，采用 InVEST 模型、耦合协调模型、供需匹配、系统动力学等研究方法，首先，在微观层面上，明晰水供给的质量、居民的水供给服务利用行为的差异及其影响因素，在宏观层面（县域尺度）探究水供给服务供给和需求的时空分布变化及其影响因素，明确水供给服务的"供—需"关系；其次，从子流域尺度探究水供给服务的供需时空尺度特征，揭示水供给服务空间流动的规律；再次，讨论出水供给服务供需系统的配置模拟的调控方案；最后，从供给侧、需求侧、协调供需关系三个方面提出促进伊犁河谷地区水供给服务流适配高效的对策建议。

1.3.2 研究内容

为实现上述研究目标，本研究的主要内容将从以下 8 个章节展开：

第 1 章，绪论。首先，简要介绍本研究的选题背景，突出研究问题的理论意义和实践意义。其次，梳理国内外与生态系统服务供需、生态系统服务流、水供给服务流、水供给服务利用、水资源（水供给服务）优化配置相关的文献和成果，并总结述评。再次，对研究目标、研究内容、研究方法、技术路线和数据来源等方面进行阐述。最后，总结出本研究的创新之处。

第 2 章，水供给服务流的理论分析。首先对研究中涉及的相关概念进行了界定，并阐述了生态系统服务流与水供给服务流的关系。其次，梳理和归纳出生态系统服务理论、生态经济学理论、生态系统服务地理学理论、公共物品理论及系统动力学等理论，为本研究提供理论支持。最后，阐释了水供给服务流的形成机理，并构建了水供给服务流调控路径研究的总体逻辑框架，为后文的实证研究提供理论支撑。

第 3 章，伊犁河谷水供给服务供给的调查与分析。首先，基于统计年鉴数据和各县市的微观调研数据，在分析伊犁河谷陆地生态系统基本情况的基础上，从水供给的基础工程、水供给的惠益和水供给的质量三个方面描述水供给的基本情况。其次，基于 2005—2020 年气象数据、遥感数据等多种数据，采用 InVEST 模型、Arcgis 方法评估伊犁河谷水供给服务的潜在供给量，分析其时空变化特征。然后，探究不同土地利用类型的水供给服务的供给情况。最后，采用皮尔逊相关系数法探究气温、降水、蒸散等气候因素，人均 GDP、人口密度等社会经济因素以及耕地、林地、草地比例等土地利用因素与水供给服务的相关性，揭示影响水供给服务可持续供给的因素。

第 4 章，伊犁河谷水供给服务需求的调查与分析。首先，利用统计数据通过对伊犁河谷各县市人口、三大产业的发展情况的描述，了解水供给服务需求现状。其次，利用 2005—2020 年伊犁河谷各县市的生产用水和生活用水的宏观数据得到水供给服务的客观需求，分析其时空变化特征，并采用灰色关联模型分析人口密度、经济发展等因素对水供给服务需求的影响。最后，基于实地调研数据，通过对牧民、农民、城市居民水供给服务利用行为差异的分析，利用多元线性回归分析方法探究城乡居民水供给服务利用行为的影响因素。

第 5 章，伊犁河谷水供给服务的"供—需"关系分析。首先，整理前文计算的水供给服务的供给数据和水供给服务的需求数据，应用耦合协调模型、水资源安全指数模型（FSI）、供需匹配模型等衡量水供给服务的供需关系。其次，对 2005—2020 年伊犁河谷各县市水供给服务的供需耦合、平衡、匹配关系进行时空尺度分析。最后，分析伊犁河谷水供给服务供需变化的影响因素。

第6章，伊犁河谷水供给服务的空间流动分析。首先，构建水供给服务空间流动分析的框架，通过明确水供给服务流各部分组成及其计算方法，为揭示水供给服务流的一般规律奠定研究基础。其次，构建水供给服务供给、需求评估模型和空间流动模型，并将伊犁河谷划分为不同子流域。最后，在子流域单元上分析水供给服务的供需水平及其时空变化，明确供给区和需求区的时空分布，并判断供给区的供应能力，明晰水供给服务流量等级分类和流向情况。

第7章，伊犁河谷水供给服务的配置模拟与调控。首先根据系统动力学相关理论，从水供给服务供需系统入手，以实现水供给服务可持续利用为主要目标，建立伊犁河谷水供给服务配置模拟的系统动力学模型。其次，通过检验模型，评估其能否较好地预测未来的水供给服务安全状况，然后确定敏感参数，并通过调整这些参数设置不同情景，为后文水供给服务调控提供数据支持。最后，设定了基准情景、农业节水情景、二三产业节水情景、生活节水情景、综合节水情景五种情景并基于五种情景分析水资源安全指数的变化情况，以及综合情景下各用水单元的需水情况。

第8章，研究结论与对策建议。在归纳总结主要研究结论的基础上，根据研究结论，分别从供给侧、需求侧、协调供需关系三个方面提出推动伊犁河谷水供给服务流适配高效的对策建议，以期促进区域实现可持续发展。最后，指出本研究在样本调查、研究方法和数据精度上的局限以及未来的努力方向。

1.4 研究方法、数据来源与技术路线

1.4.1 研究方法

1.4.1.1 文献查阅法

在研究框架和技术路线的指导下，通过检索文献图书资料和文献数据库等途径收集生态系统服务、生态系统服务流、水供给服务流等相关理论研究成果，并对驱动水供给服务供给和需求的因素研究成果进行梳理，为

本书后续研究做好基础性准备工作。

1.4.1.2 实地调研法

项目组于 2021 年 7 月对本研究所涉及的伊犁州农业农村局、水利局、草原局、旅游局等部门进行访谈，收集了伊犁河谷水资源开发利用的相关资料，并对伊犁河谷地区典型的生态旅游区进行了实地调研。

项目组于 2022 年 6—7 月以问卷调研的方式对伊犁河谷地区主要县市的农民、牧民、城市居民等群体的水供给服务的利用行为及其对水供给服务的认知、情感、价值观以及对水资源供给满意程度进行了调查，从而揭示不同利益相关者的水供给服务需求差异特征。

1.4.1.3 量化研究方法

伊犁河谷的水供给服务供给量是采用 InVEST 模型的产水模块计算所得，以产水量来衡量水供给服务的潜在供给量。采用皮尔逊相关系数分别度量水供给服务供给与相关指标的关联度。应用耦合协调评价模型测度水供给服务的供给系统和需求系统的综合发展水平，并衡量水供给服务供需的耦合协调；利用水资源安全指数（FSI）分析了水供给服务的供需平衡，该指数能更准确地反映水供给服务供需之间的差距，揭示水供给服务的盈余或赤字状况。应用生态系统服务供需匹配模型方法，探究水供给服务供需空间分异。应用多元线性回归方法，对影响城乡居民水供给服务利用行为的个体特征因素进行分析；运用系统动力学理论，建立水供给服务供需系统动力学模型，进行情景设定和仿真模拟，并选择优化调控方案。

1.4.1.4 多学科实证分析法

生态系统服务流链接自然生态系统与社会经济系统，对其研究离不开多学科实证分析方法。其中本研究内容中的供给和需求研究涉及经济学领域；水供给服务流的时空分异特征研究涉及地理学领域和生态学领域；水供给服务配置模拟与调控涉及系统动力学领域。因此，本研究需要应用生态经济学、生态系统服务地理学、生态学、系统动力学等多学科实证分析方法。

1.4.2 数据来源

1.4.2.1 遥感数据

遥感数据主要包括气象数据、归一化植被指数（NDVI）数据、植被净初级生产力（NPP）数据、土地利用数据、土壤数据、数字高程模型（DEM）数据等。其中，气象数据来自中国气象数据网（http：//data. cma. cn）；归一化植被指数（NDVI）下载于地理空间数据云（http：//www. gscloud. cn）；土地利用数据、土壤数据（土壤质地、类型和厚度等）、全国三级流域数据、水系数据和数字高程模型（DEM）等均下载于中国科学院资源环境科学与数据平台（http：//www. resdc. cn）。人口、经济数据和耕地面积源于中国科学院资源环境科学与数据平台（http：//www. resdc. cn）；夜间灯光数据采用 2018 年的 NPP-VIIRS 数据（https：//www. ngdc. noaa. gov）。为保证数据的统一性与精准性，所有数据在 ArcGIS 10.8 软件支持下统一为 90 米空间分辨率。

1.4.2.2　统计年鉴数据

本研究所使用的人口、GDP、降水、气温、地下水、地表水、生产用水、生活用水等相关数据均来自《新疆统计年鉴》（2006—2021）、《伊犁哈萨克自治州统计年鉴》（2006—2021）、2020 年《新疆维吾尔自治区统计公报》以及《新疆水资源统计公报》。

1.4.2.3　问卷调查及访谈数据

（1）问卷调查

根据本次调查目的和要求设计如下内容：第一部分是由被访居民个人及家庭基本信息构成，主要涵盖性别、年龄、文化程度、家庭人口数和收入水平等。第二部分是对伊犁河谷地区水供给现状及居民水供给服务利用行为的调查，其中用水行为变量采用李克特 5 点量表（1＝从不，2＝较少，3＝偶尔，4＝经常，5＝总是）。第三部分是对居民淡水认知、情感、价值观等方面的调查，其中所有变量均采用李克特 5 点量表（1＝非常不同意，2＝有点不同意，3＝一般，4＝比较同意，5＝非常同意）。第四部分是居民对淡水供给的满意度情况，包括对水量、水质、水价、水压等情况的满意度评价（1＝非常不满意，2＝有点不满意，3＝一般，4＝比较满意，5＝非常满意）。

调研于 2022 年 6 月 26 日至 7 月 30 日开展，调研区域选择伊犁河谷地区的直属县市，具体包括：伊宁市、霍尔果斯市、伊宁县、察县、新源县、巩留县、特克斯县、昭苏县、尼勒克县，每个县市选择 1～3 个具有代表性的乡镇，每个乡镇选取 3 个村作为居民用水情况调查的地点。鉴于调研对象从事生产劳作的差异，分别针对城市居民、农户、牧户三个不同群体设计了 3 份问卷，区别用水情况。

考虑到调研范围较广，涉及调查对象较多，为提升效率调研方式采用"线上＋线下"相结合的方式，其中城市居民采用线上调研方式，通过问卷星发放问卷；乡镇居民均采用线下实地调研方式。鉴于被访者包括哈萨克族、维吾尔族、蒙古族等居民，为降低沟通难度，特邀请暑假返校大学生加入调研团队，每份问卷均由团队成员 1 对 1 访谈完成。本次调研共发放问卷 800 份，回收 790 份，有效问卷 789 份，问卷有效率为 98.6%。其中，获得城市居民数据 161 份，牧户调研数据 250 份，农户调研数据378 份。

（2）访谈

访谈工作分三个阶段：①2021 年 6 月 30 日前往伊犁州水利局、农业农村局、林草局及文旅局展开访谈，了解水资源保护和利用的基本情况；②2022 年 6 月 26 日至 7 月 2 日前往新源县、特克斯县的水利局和农业农村局访谈，了解新源县生产、生活用水等情况；③2023 年 7 月 2 日至 8 日前往昭苏县的洪纳海镇、乌尊布拉克乡、夏塔乡以及伊宁县的水利局和农业农村局，吐鲁番于孜乡、吉里于孜镇、胡地亚于孜乡展开访谈工作，了解昭苏县民宿经营者的用水和节水情况及伊宁县的高效节水农田建设和节水宣传情况。

1.4.2.4 研究期选择

改革开放以来，伊犁河谷地区的经济水平和人口规模发生了巨大变化，尤其是进入 21 世纪以来，经济发展造成了水供给服务需求量的迅速增加，同时气候变化、土地利用等影响了水供给服务的供给量。根据统计资料可知，2000—2020 年是生态系统服务供给与需求量变化最大的时期，再结合水供给服务的需求数据的可获得性，可知《新疆统计年鉴》关于水资源情况、供水和用水数据从 2004 年才开始记载，为了与水供给服务供给 5 年期计算相对应，故选择 2005 年、2010 年、2015 年及 2020 年 4 个年份作为本研究的研究期。

1.4.3 技术路线

如图 1 - 3 所示，本研究思路按照：什么是水供给服务流？水供给服

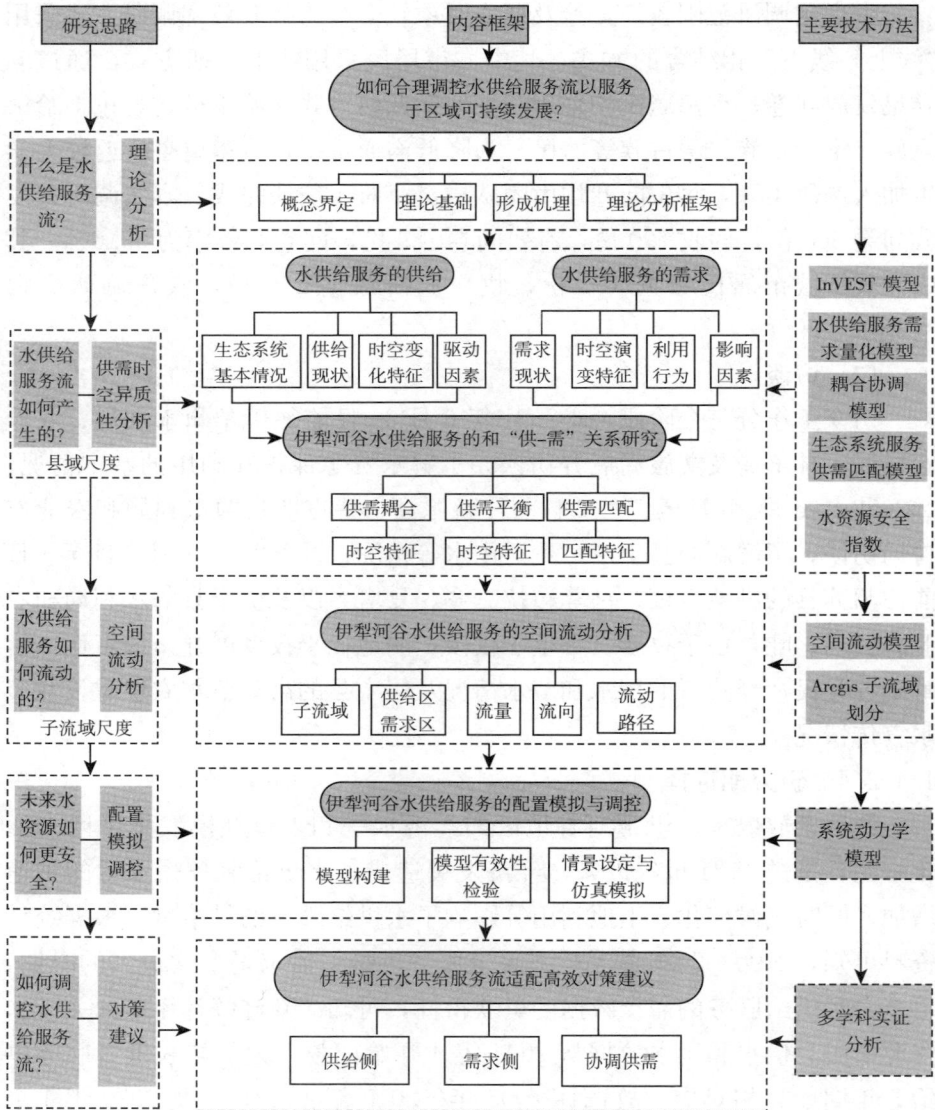

图 1 - 3 技术路线

务流是如何产生的？水供给服务是如何流动的？未来水资源如何更安全？如何调控水供给服务流？五个方面展开。

1.5　创新之处

1.5.1　定义了水供给服务流的概念

在参考生态系统服务流定义的基础上，首次明确界定了水供给服务流的概念。即"由自然生态系统提供的水供给服务在自然或人为因素的驱动作用下，依靠河川径流为载体，沿着特定方向和路径传递至服务需求区实现效用的潜在时空传递过程"。并从三个方面对水供给服务流的概念进行了解读。

1.5.2　构建了水供给服务流调控研究的理论分析框架

水供给服务产生于自然生态系统，在服务流的作用下进入生态经济系统并展开供需间传递和转化，之后进入社会经济系统供人类消费。水供给服务价值的实现路径"产生→传递和转化→消费"与水供给服务级联框架"结构—功能—服务—福祉"相呼应。水供给服务流贯穿于水供给服务价值实现的始终，是自然生态系统的水供给服务功能转化为人类福祉的关键。该理论分析框架分别从自然生态系统和社会经济系统角度阐释了水供给服务的供给、需求及供需关系，供需势差的存在促进了水供给服务的空间流动，并通过水供给服务的配置模拟与调控研究，了解未来水供给服务的供需及安全状况，最后总结出促进水供给服务流适配高效的对策建议。

1.5.3　在子流域尺度上揭示了伊犁河谷水供给服务流的特征规律

利用空间化数据，在子流域尺度上识别出伊犁河谷水供给服务的供给区和需求区的数量及空间分布情况，并利用自然断点法将其划分为 4 个等级。

结合水供给服务的供给量和需求量，利用空间可视化表达了水供给服务流的流量等级、流向和流动路径。

第2章 CHAPTER 2

水供给服务流的理论分析

随着生态系统服务研究的不断深入，生态系统服务流逐渐成为研究热点。水供给服务流作为生态系统服务流的重要组成部分，在水资源供需矛盾日益突出的背景下受到广泛关注。以往学者多将水供给服务流与其他生态系统服务流一同研究，对水供给服务流的理论分析稍显不足。因此，本章主要对水供给服务流的相关概念、理论基础以及形成机理进行界定、归纳和梳理，从而构建出水供给服务流调控研究的理论分析框架，为全书分析奠定理论基础。

2.1 概念界定

2.1.1 生态系统服务和水供给服务

Daily[263]认为生态系统服务是生态系统形成的维持人类赖以生存的自然环境条件与效用；Costanza[26]将生态系统服务定义为人类直接或间接从生态系统创造的良好生态环境中获取的所有惠益。2005年联合国千年生态系统服务评估（Millennium Ecosystem Assessment，MA）[264]将生态系统服务进行分类，包括供给服务、调节服务、支持服务和文化服务4种一级类型，具体如图2-1所示。

淡水是供给服务中的一种类型，鉴于研究区——伊犁河谷地区的水资源全部为淡水，便在研究中不再强调其为"淡水"，而以"水"表示，再加上生态系统服务类型的后缀便组成了"水供给服务"。水供给服务是供给服务的主要类型之一，供给服务是生态系统服务的重要组成部分。因此，生态系统服务、供给服务和水供给服务之间为包含关系（图2-2）。

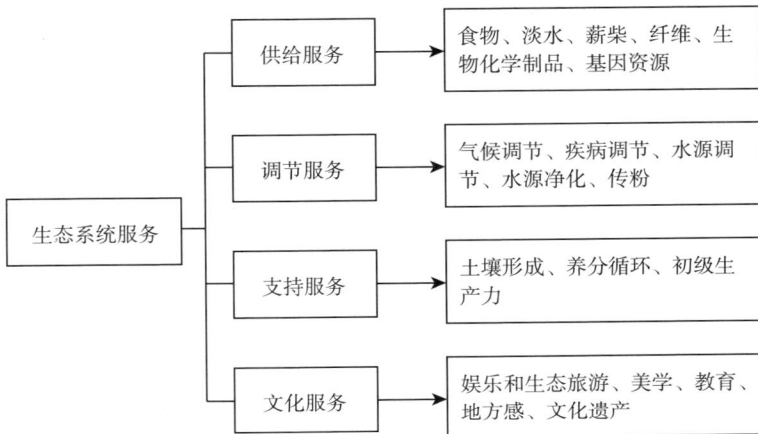

图 2-1　生态系统服务分类[264]

徐洁[193]、陈登帅[195]等学者已在研究中使用了"水供给服务"这一名词。对水供给服务亦有狭义和广义两种理解。其中，狭义上指水资源需求量，即根据人类需求，一部分用于维持自然生态系统，以支持植被生长和生态功能；另一部分用于满足社会经济系统中的生产和生活用水需求。广义上指水资源供给量，即流域内水资源输入（降水量）与输出（实际蒸散发）之差[265]。可知，水供给服务包括水供给服务供给和水供给服务需求两个方面。

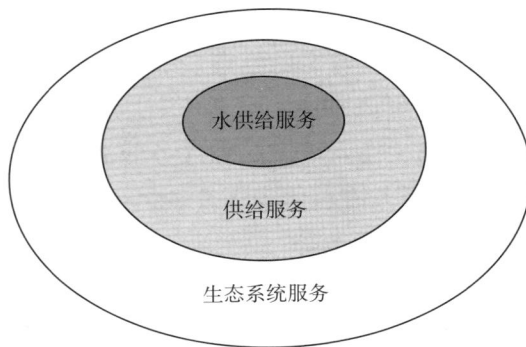

图 2-2　生态系统服务、供给服务与水供给服务之间的关系

2.1.2　生态系统服务供给和水供给服务供给

生态系统服务供给指特定区域内的生态系统在一定时期内通过其本身的生态完整性向人类提供生态系统服务的数量和质量[151][266]，亦指生态系统为人类生产的产品与服务[267]。这一概念分为潜在供给和实际供给，其中潜在供给代表自然资本存量，即基于自然生态系统的视角能够提供的最大量的产品和服务[268]，而实际供给则表示人类实际使用的生态系统服务或产品的量。生态系统服务的供给潜力存在时空属性，即不同时空尺度，生态系统服务潜在供给量存在差异。

本研究侧重潜在供给的含义，结合生态系统服务供给的概念，将水供给服务供给概念界定为：某一特定区域的自然生态系统在一定时间尺度内通过其自身的完整性能够向人类社会提供的最大量的水供给服务的数量和质量。即从广义角度分析水供给服务，可用水资源输入量与输出量的差值进行量化[265]。官东杰[269]等学者也在研究中对"水供给服务的供给"变化进行了量化分析。

2.1.3　生态系统服务需求和水供给服务需求

尽管众多学者投入到生态系统服务需求的研究中，但是不同学者对生态系统服务需求的定义有所差异。以往学者对生态系统服务的研究多侧重于对其本身供给能力的评估，忽视了人类社会对生态系统服务的影响。人类社会与自然生态系统息息相关，只有在人类对某种服务产生一定的需求或者特定的意愿时，才会促使特定的生态系统功能形成生态系统服务，并最终成为惠益被人类所利用。Burkhard 等[270]认为，生态系统服务需求指在特定时间和空间位置对生态系统产品和服务的消费或使用；Villamagna 等[271]则认为，生态系统服务需求代表了社会需要或人类期望所得的生态系统服务和产品的数量。刘慧敏等[27]强调，生态系统服务需求不等于消费，它是人类对某种生态系统产品与服务的需求意愿，受制于社会经济系统中的各种因素。Wolff 等[272]将生态系统服务需求划分为潜在需求和实际需求，潜在需求指利益相关者在分配稀缺资源时所表达的对生态系统服务的需求，而实际需求则代表利益相关者已满足的对生态系统服务的需求。总的来说，学者们对生态系统服务需求的理解包括两层含义：一是等同于实际使用或消费的生态系统产品和服务[270]；二是社会期望、偏好和意愿等[271]。

本研究侧重于实际需求含义，结合生态系统服务需求的概念，将水供给服务需求的概念界定为：在特定时间和空间位置人类实际消费或使用的水供给服务的数量和质量。即从狭义角度分析水供给服务，可从生态、生产和生活用水三个方面进行量化分析[269]。

2.1.4　生态系统服务流和水供给服务流

2.1.4.1　生态系统服务流

如表 2-1 所示，关于生态系统服务流（Ecosystem service flow）的定义，学者们的观点不相一致。结合图 2-3，部分学者认为生态系统服务流是生态系统服务供给区与需求区之间的时空连接，侧重于时空关系；另一部分学者认为生态系统服务流是被人类社会最终使用的那部分服务，侧重于实际使用[273-276]。

表 2-1　生态系统服务流的概念解析

概念	具体含义解析
指生态系统服务供给区与需求区之间的连接过程[277-278]	①生态系统服务在形成地和使用地之间的空间位移[20]； ②在流域景观或生态系统中，由供给区产生的生态系统服务，依靠某种载体，在自然因素或人为因素的驱动下，沿着一定方向与路径传递到使用区的时空过程[27]； ③某一区域的生态系统服务供给在满足其自身需求后，用剩余生态系统服务供给补偿其他区域需求的过程[279]
指最终被人类使用的那部分服务[55][280]	被人类经济社会实际使用的服务

本研究结合上述观点，在参考已有学者[281]关于生态系统服务流定义的基础上，将生态系统服务流的概念界定为"由自然生态系统所提供的生态系统服务在自然或人为因素的驱动作用下，依靠或不依靠载体，沿着一定方向和路径传递至服务需求区实现效用的潜在时空传递过程"。生态系统服务流是生态系统功能转化为人类福祉的关键[27]，可以从以下四个方面对生态系统服务流的内涵加以理解：

第一，对生态系统服务流量的理解侧重于供给方的潜在供给量，而非需求方的实际使用量。强调生态系统服务通过空间传递转移后为需求方所享用的理论产出而非实际福祉，且不考虑生态系统服务在空间传递中的损耗[141]。

第二，生态系统服务流是动态的，具有空间起点（供给区）和终点（需求区）。生态系统服务流传递的产品与服务包括对人类有用的物质、能量和信息，与地球上的物质流、能量流和信息流的主要区别在于最终受益者是否为人类；联系在于生态系统服务流是物质流、能量流和信息流的组成部分[152]。

第三，生态系统服务流展示了生态系统服务供给区与需求区之间的时空关联，体现着生态系统服务的产生和使用的空间范围以及供需两地的传递时间。即生态系统服务流具有时间尺度依赖性，其从供给区转移到需求区所需要的时间长短不一。例如，休闲娱乐服务发生在局地尺度，时间变化以天为单位；水供给服务发生在区域尺度，时间变化以月为单位；气候调节服务发生在全球尺度，时间变化以年为单位。通常情况下，生态系统服务流的时空尺度耦合在一起，空间尺度与时间尺度呈正相关关系，空间尺度越大，流的效用实现时间越久。但也有例外，如土壤形成，虽发生在局地尺度，其时间变化却以年为单位。

第四，生态系统服务流详细描述了生态系统服务效用如何在异地实现，同样符合"人类中心论"的观点。充分应用此概念，便能全面揭示生

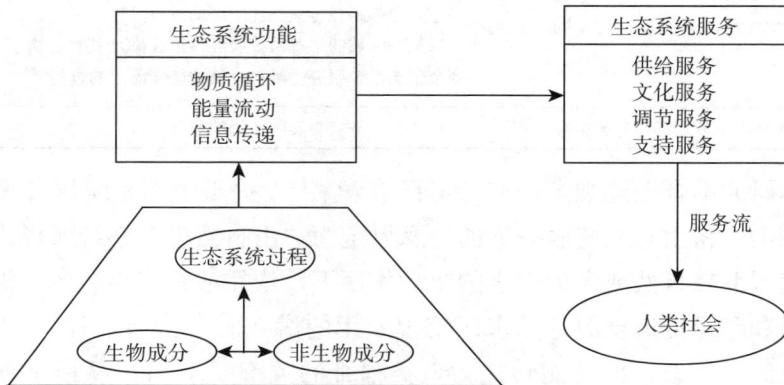

图 2-3　生态系统服务流的形成过程[27]

态产品、功能和服务是如何从自然生态系统中产生并转移到人类社会最终被消费利用的全过程，有助于让人类更好地掌握自然生态系统服务在不同时空维度上效用实现的作用机理和内在规律。

2.1.4.2　水供给服务流

生态系统异质性特征使得水供给服务在供给和需求时空上发生错位，产生时空不匹配问题[282]，由此形成了水供给服务的空间流动。在参照生态系统服务流定义的基础上，定义出本研究的水供给服务流概念。即"由自然生态系统提供的水供给服务在自然或人为因素的驱动作用下，依靠河川径流为载体，沿着特定方向和路径传递至服务需求区实现效用的潜在时空传递过程"。对其理解包含以下三点内容：

第一，水供给服务通过空间传递转移后为需求方所使用的是潜在供给而非实际供给，强调自然生态系统供给水供给服务的潜在能力，且重点关注时空传递的动态过程。

第二，水供给服务的空间流动受到自然因素和人为因素的双重驱动。"水往低处流"，自然梯度势差决定了水供给服务的传递方向；降水、气温和蒸散等因素影响着水供给服务的流量；河流的含沙量影响着水供给服务的传递速度。在人类社会的经济活动中，水供给服务可以在完全被市场化后，通过要素收益的区域差异在市场作用下实现其在地理空间上的自由流动；政策的制定为"市场失灵"下配置水资源的重要外部驱动；人类的用水行为对水供给服务流的驱动作用取决于不同行为主体的生活方式和生产方式。

第三，水供给服务流以河川径流为载体进行传递，其本身也是碳元素、物种、文化服务等生态系统服务的传递载体。在自然环境下，由于地势差异形成了"水往低处流"的自然现象，水供给服务由上游至下游转运流动，也是水供给服务空间流动的现实表现。

综上所述，水供给服务流搭建起了自然生态系统供给区的各种生态系统服务、产品与社会经济系统生态系统服务需求区之间的桥梁，对水供给服务的生产、转移和消费均具有重要意义[152]。水供给服务流的研究实质在于定量化评估水供给服务的供给和需求，建立供需之间的时空关联，明确服务流或水流的流动路径与流量大小[283]。

2.1.4.3 生态系统服务流与水供给服务流的关系

根据空间分类，生态系统服务流包括原位服务流、定向服务流和全向服务流三种类型，而水供给服务流仅属于定向服务流，其沿着特定方向，由供给区向需求区流动，根据"水往低处流"的原理，水供给服务流将根据地势特征形成特定流动方向。根据主体移动分类，生态系统服务流包括服务移动流和用户移动流，而水供给服务流也包括这两种类型，当水供给服务流提供淡水服务时，其属于主体移动服务流，由上游流向下游，传递水供给服务；当水供给服务流提供娱乐休闲服务时，则属于用户移动服务流，需要旅游者主动前往供给区欣赏美学景观。根据驱动力分类，生态系统服务流包括自然驱动服务流、人为驱动服务流和自然—人为复合驱动服务流。水供给服务流属于自然—人为复合驱动服务流，水供给服务流既受地形、气候等自然因素影响，也受人类社会的土地利用、水利开发等人为因素影响。总体上看，生态系统服务流与水供给服务流是包含关系，水供给服务流是供给服务流的重要组成部分，而供给服务流是生态系统服务流的重要构成（图2-4）。

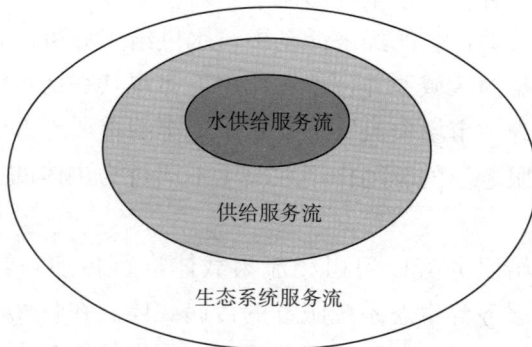

图2-4　生态系统服务流、供给服务流与水供给服务流之间的关系

2.2 理论基础

2.2.1 生态系统服务理论

生态系统破坏引发水土流失、荒漠化、生物多样性丧失等一系列环境

问题，逐渐引起人们对生态环境与人类福祉关系的重视，从而使得生态系统服务（Ecosystem services）这一概念逐渐具体化。1981 年 Kremen 和 Ehrlich[284] 首次提出了生态系统服务的概念，随后生态系统服务走进大众视野，为众人熟知。Daily[263] 和 Costanza[26] 对生态系统服务的定义被学者们广泛引用，其中前者认为生态系统服务是人类直接或间接从生态系统创造的良好生态环境获取的所有惠益；后者认为生态系统服务是生态系统形成的维持人类赖以生存的自然环境条件与效用。2005 年联合国千年生态系统评估[264] 将生态系统服务进行分类，并提出生态系统服务与人类福祉密切相关，相互影响。生态系统服务从供给区传递到需求并为人类所使用，就形成了生态系统服务流。生态系统服务流作为连接供给区和需求区的纽带[27]，在生态系统服务的生产、传递、转化和消费过程中扮演着重要角色。生态系统服务供给是生态系统服务空间流动的起点，生态系统服务需求是生态系统服务空间流动的终点，服务依靠或不依靠载体，沿一定方向从供给区出发最终到达需求区。水供给服务作为供给服务的一种类型，是人类从自然生态系统中获取的价值最高的服务，在维持人类福祉方面发挥着不可替代的作用。

2.2.2　生态经济学理论

自然生态系统和社会经济系统交织构成生态经济系统，它是一个复合系统，两大系统在复合系统中相互作用、耦合，共同发挥作用，保障生态系统和经济系统之间的物质输送、能量流动、信息传递[285]。生态经济学的核心理论是生态系统与经济系统协调发展，生态系统的改变将作用于经济系统，经济系统反作用于生态系统，良好的生态系统是发展经济的前提条件，经济得以发展也能更好地保护生态。只有两大系统协调发展，才能发挥最大价值。生态经济系统能够促进自然生态系统与社会经济系统间实现能量流、信息流、物质流和价值流的良性交换互动[286]。本研究基于生态经济学理论，阐释了生态经济系统为水供给服务流的传递和转化提供了稳定环境。

2.2.3　生态系统服务地理学理论

由地理学第一、第二定律可知，空间自相关性和空间异质性普遍存在。生态系统服务地理学是以生态系统服务研究为重点的地理学科分支，它以地理学原理和方法为指导，深入探讨了生态系统服务在形成、传递、转化和消费过程中自然因素与人为因素之间错综复杂的互动机制，并研究了这些服务的空间和时间特征以及区域差异。总体目标是了解生态系统为社会提供的一系列服务，并阐明这些服务的时空异质性、供需格局和地域差异。从生态系统功能转化为生态系统服务，时空异质性一直存在，不同利益相关者对生态系统服务的需求也因群体和层次因素而不同。供给和需求的时空异质性是生态系统服务的基本属性，也是生态系统服务地理学的核心研究命题和优先领域。在地理学学科范围内研究生态系统服务，可以明晰其时空动态格局与动态，把握供需双方的地域特征，从而制定针对性生态系统管理方案[20]。

因此，本研究将生态系统服务地理学理论应用于水供给服务流的研究之中。首先，利用地理空间异质性阐释水供给服务流的形成机理；其次，基于水供给服务供给和需求的时空异质性基本属性，分别讨论了水供给服务供需的时空变化特征；最后，基于县域和子流域不同空间尺度开展水供给服务研究以及在地理空间尺度上划分出水供给服务的供给区和需求区。

2.2.4 公共物品理论

1954 年 Samuelson[19]对公共物品的定义是奠定公共物品的基础。公共物品指一个人增加消费而不减少其他人的消费量和消费水平，而且一旦生产者提供这种产品，即使不支付任何费用，其消费也不会受到限制。公共物品的特点是消费的非排他性和非竞争性。水资源就是准公共物品的一种类型，具有典型外部性特征，使用者存在"搭便车"现象和过度利用行为，忽视水资源的保护和可持续利用，导致水资源浪费、污染等现象的发生。由于水资源的有限性造成了对水资源使用的竞争，这意味着一个人的用水量会影响其他人的用水量。对水供给服务空间流动而言，如水供给服务量有限时，上游增加使用量，下游就需要减少使用量；同一地区地下水可开采量一定时，各用水户之间便存在竞争性用水。准公共品外部性的存在意味着市场调节机制不是万能的，市场调节也可能是无效的。因此，需要政府干预以及区域内各个主体共同参与管理，政府解决主要难题，才利于提高决策的公平性。

2.2.5 系统动力学理论

1956 年 Forrester 教授提出了系统动力学，模拟和解决系统问题[287]。该学科已被广泛应用于各个领域，用于处理各种复杂问题[288-290]。它结合了系统科学和计算机仿真的特点，能够模拟系统的信息反馈、结构和行为[291]。系统动力学吸纳了控制论和信息论的概念，通过分析因果反馈，从系统结构出发寻找问题的根本原因。这种方法强调从整体和系统的视角，运用发展、运动和联系的概念，进行事物的定量和定性分析，解决复杂的动态问题。它依赖于信息反馈和因果循环的特点，构建了一个由相互依赖和相互作用的内部因素组成的复杂系统。考虑到水资源系统的复杂性，系统动力学已被广泛用于水资源配置模拟与优化调控研究，并在优化水资源配置方面取得了显著成效[292-294]。系统动力学认为物质流、能量流和信息流是地球表面系统演进的主要驱动力。水供给服务流作为物质流的一种，驱动着地球表层系统演化。本研究应用系统动力学理论构建水供给服务供需系统动力学模型，分析系统内部因果关系，明确反馈结构，探讨水供给服务的配置模拟与调控情况，选定推进水供给服务流高效利用的优化调控方案。

2.3 水供给服务流的形成机理分析

2.3.1 地理空间异质性形成了水供给服务流动的梯度势差

"场"是一种物理学术语，指物体在空间中的分布情况，"场"虽看不见、摸不着，但确实存在，比如引力场、电磁场。"势"也是一种物理学概念，指能量。物质在"场"中"势"的高低决定了位置之间的势能差，势能差可以转化为机械动能，从而使物质在空间中进行物理运动。水供给服务也可以使用"场"与"势"的概念来进行解析。水供给服务以河川径流作为传递载体，地势高低造成的重力差异而引起的"水往低处流"是形成空间流动的直接动力。且由于地理空间的异质性格局，水供给服务的供给与需求在空间上均会呈现不均匀的分布形态。

从水供给服务的供给端来看，水供给服务流的形成在不同空间尺度下都将受到异质性的影响。在宏观地理尺度和不同自然地理背景下，水供给服务供给区内的景观结构和生物群落存在差异，导致生态系统功能各不相同，从而影响供给区的水供给服务供给能力[295]。从区域尺度来看，不同区域人类经济活动影响着土地利用/覆被类型，不同土地利用变化影响着生态系统格局与过程，改变着生态系统的水供给服务能力，不同土地利用类型其产水能力各异[296]，从而加剧水供给服务形成的空间异质性。

从水供给服务的需求端来看，社会经济系统作为水供给服务的需求区，不同产业发展、人口分布、耕地面积下的区域对水供给服务的需求程度不同，各区域居民作为水供给服务的利用个体，其受教育程度、年龄、家庭收入水平、水供给服务认知等差异导致水供给服务利用行为各不相同，从而反映出水供给服务需求的空间异质性格局。正是水供给服务供需的空间异质性，导致每个空间区域在"水供给服务场"中具有的"势"各不相同，并形成了不同空间单元之间的"梯度势差"，具有高势能的水供给服务供给区和低势能的水供给服务需求区，"梯度势差"为两个区域间水供给服务的势能转换与传递运动提供了基础动力。

2.3.2 生态系统的开放性为水供给服务流动提供了基础环境

水供给服务由自然生态系统产生向社会经济系统流动并为人类所使用，其中自然生态系统本身是一个保持开放的系统，不断地与周围的外部环境交换物质和能量。伊犁河谷陆地生态系统作为一个相对完整的生态系统功能服务区，涉及草原生态系统、森林生态系统以及河流生态系统等复合生态系统，这些系统内部、系统与系统之间的生产者利用氧气、水分和微量元素，通过植物光合作用，合成有机物，实现营养物质传递，供消费者使用，经分解者处理后再次被重新释放。

水供给服务流的形成机理如图 2-5 所示，地理空间异质性所造成的水供给服务供需错位现象使得两个不相邻区域间形成了天然的梯度差，服务从高势差区域（服务供给区）传递至低势差区域（服务需求区）会额外释放相应的服务势能，从而为水供给服务流的形成提供基础动力。同时，生态系统的开放性使得系统内部的物质、能量与信息均会与外部系统发生交互活动，从而为水供给服务流的形成提供基础环境与传递内容。

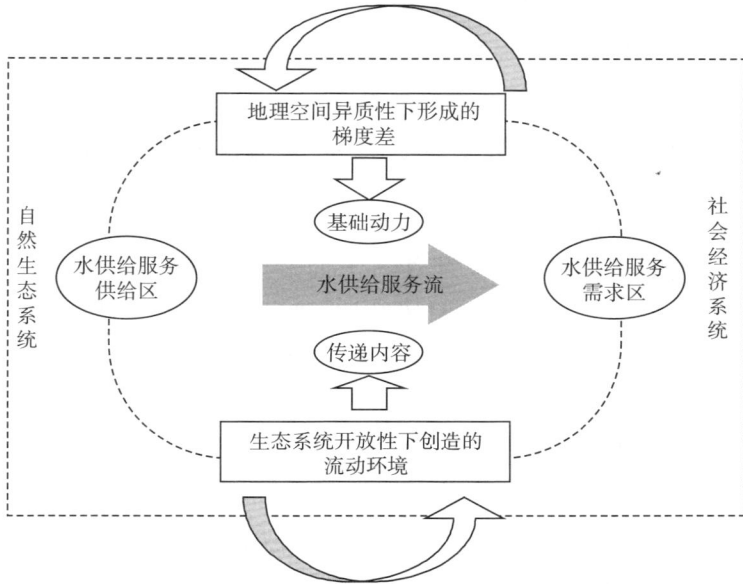

图 2-5　水供给服务流的形成机理

2.4　水供给服务流调控研究的理论分析框架

2.4.1　生态经济系统为水供给服务流的传递和转化提供了稳定环境

如图 2-6 所示，生态经济系统是自然生态系统与社会经济系统之间通过物质输送、能量流动、信息传递，相互交织在一起而形成的复合系统[285]。生态经济系统通过技术进步、政策支持等途径，促进自然生态系统与社会经济系统间实现能量流、信息流、物质流和价值流的良性交换互动，确保生态经济系统运行的有序、高效[286]。生态系统服

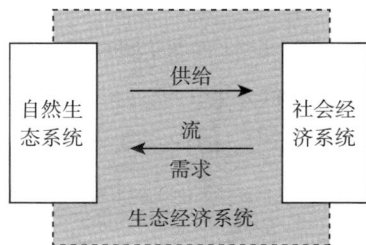

图 2-6　生态经济系统构成

务由自然生态系统产生，由社会经济系统实现其效用，既关注服务产生的生态系统服务供给，同时重视人类从自然生态系统获得惠益的生态系统服务需求[297]，生态系统服务流是供给区和需求区之间进行的时空连接，是实现生态系统服务的供给和需求耦合的中间环节[298]，共同推进生态经济系统良性健康可持续发展。

2.4.2 水供给服务流是生态系统服务流的重要组成部分

水供给服务是供给服务的一种类型，是人类从自然生态系统中获取的价值最高的服务，在维持人类福祉方面发挥着不可替代的作用。水供给服务的供给取决于自然生态系统结构、过程和功能，其客观存在且不以人的意志为转移，称为生态系统水供给服务的供给潜力[299]。当生态系统供给的水供给服务被人类使用消费，用于满足人类水供给服务需求时，这种潜在的生态系统水供给服务即变为生态系统为人类提供的实际水供给服务[300]。水供给服务流作为生态系统服务流的一种类型，将其定义为由自然生态系统所提供的水供给服务在自然因素或人为因素的驱动作用下，沿着特定方向和路径传递至服务需求区实现效用的潜在时空传递过程。

2.4.3 水供给服务流调控研究的理论分析框架构建

水供给服务流贯穿于水供给服务价值实现的始终，故水供给服务流的研究需要综合考虑水供给服务的供给、需求及其相互关系。基于此，本研究构建了一个适用于水供给服务流调控研究的理论分析框架（图 2-7）。水供给服务产生于自然生态系统，在服务流的作用下进入生态经济系统并展开供需间传递和转化，之后进入社会经济系统供人类消费。水供给服务价值的实现路径"产生→传递和转化→消费"与水供给服务级联框架"结构—功能—服务—福祉"相呼应。水供给服务流是水供给服务功能转化为人类福祉的关键。鉴于此，该框架分别从自然生态系统和社会经济系统角度阐释了水供给服务的供给、需求、供需匹配关系及水供给服务流本身。

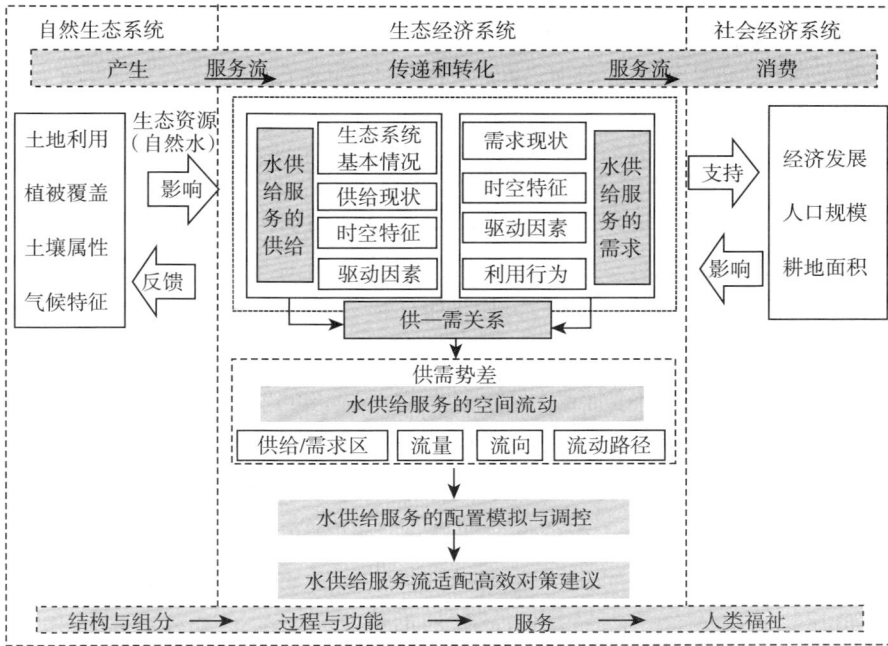

图 2-7 水供给服务流调控研究的理论分析框架

自然生态系统结构的生物物理过程产生最大量的自然水——生态资源，进入生态经济系统，构成水供给服务的供给侧，水供给服务流的形成在不同空间尺度下都将受到异质性的影响。自然生态系统的过程与功能支持水供给服务依靠供给基础进行转化和传递，以不同形式的用水满足人类社会的生产、生活需求，发挥供给能力，保障供给质量。受土地利用、植被覆盖、土壤属性、气候特征等自然因素影响，不同时空条件下水供给服务潜在供给量存在差异。水供给服务流将水供给服务由供给方向需求方传递，为人类提供生产和生活用水，支持社会经济系统稳定运转，自然生态系统的稳定性将在一定程度上受到社会经济系统的干扰。

水供给服务在社会经济系统中被人类使用消费，维持人类福祉，构成了水供给服务的需求侧，水供给服务需求存在空间异质性格局。由于受到社会经济系统的经济发展、人口规模、耕地面积等因素的影响，水供给服务实际需求量存在时空变化——增加或减少，并会引起供需关系发生改变。从科学发展观的角度来看，过度消耗生态系统服务，导致生态系统功能下降和生境退化的原因是多方面的[20]。结合经济学理论分析显示——生态系统服务的外部性无法限制人类的无节制利用行为是一个重要原因。水供给服务作为"存量—流量资源"而存在[301]，即具有竞争性但不具有排他性的准公共物品，具有典型外部性特征，使用时存在"搭便车"行为，且用水需求缺乏价格弹性。水供给服务流的研究最终落地在生态经济学中就是讨论人类的水资源利用和消费问题。人类是水供给服务的惠益者也是影响者，行为科学、社会心理学和环境心理学等研究亦指出环境问题本质是人的行为问题[20]。通过探究微观主体的水供给服务利用行为，能够从侧面了解研究区不同行为主体的水供给服务的利用情况。

水供给服务的供给和需求的时空变化亦会引起供需关系发生变化。当实际需求量小于潜在供给量，属于供大于或等于求的状态，对自然生态系统产生正反馈，生态经济系统耦合平衡，有利于可持续供给；当实际需求量大于潜在供给量，属于供不应求状态，供需矛盾突出，对自然生态系统产生负反馈，生态经济系统耦合失衡，不利于自然生态和社会经济和谐发展。基于供需关系探讨，供需时空分布不均，供需势差下产生水供给服务流，并在子流域单元上分析水供给服务的供需水平及其时空变化，明确供给区和需求区的时空分布，并判断供给区的供应能力，明晰水供给服务流量等级分类和流向情况。

在对水供给服务的供给、需求、供需关系以及流的讨论基础上，鉴于水供给服务供需系统的复杂性，借助系统动力学相关理论，探讨供需系统的内部因果关系，利用仿真模拟，探究未来水供给服务变化情况，得出优化调控方案。最后，综上结论提出促进水供给服务流适配高效的对策建议。

2.5　本章小结

本章沿着"概念界定→理论基础→机理分析→理论分析框架构建"的思路展开论述。首先，在界定生态系统服务和水供给服务、生态系统服务供给和水供给服务供给、生态系统服务需求和水供给服务需求概念的基础上，依据生态系统服务流概念，提出了水供给服务流的概念。其次，从生态系统服务理论、生态经济学理论、生态系统服务地理学理论、经济学理论及系统动力学等理论视角出发，阐述了水供给服务流研究的内在逻辑；最后，阐释了水供给服务流的形成机理，并构建了水供给服务流调控研究的总体逻辑框架，为后文的实证研究提供理论支撑。

第3章 CHAPTER 3

伊犁河谷水供给服务
供给的调查与分析

水供给服务供给的调查与分析不仅能实现对水供给服务供给侧状况的全面认知和宏观把握，也是衡量水供给服务"供—需"关系，揭示水供给服务流产生的重要基础。本章首先阐述伊犁河谷的关键自然特征及自然生态系统的特征和水供给服务；并从广义的水供给服务供给入手，介绍水供给的基础工程、惠益及质量情况。其次，从狭义的水供给服务潜在供给量出发，采用 InVEST 模型的产水模块探究水供给服务供给的时空分异特征及不同土地利用类型的供给量差异情况。最后，采用皮尔逊相关系数法，揭示气候、土地覆被和社会经济等因素对水供给服务供给的影响程度。

3.1 伊犁河谷陆地生态系统的基本情况

3.1.1 伊犁河谷关键自然特征

3.1.1.1 地理位置

伊犁河谷地处中国天山山脉西部腹地，东经 80°09′—84°56′，北纬 42°14′—44°50′ 之间，流域面积 5.64 万千米²，海拔 560～1 400 米，北、东、南三面环山，地势自西向东逐渐抬高[302]，并形成向西开口的"喇叭"，是新疆唯一能接收到大西洋暖流的地域，属于温带大陆性半干旱气候。年均降水量最高可达 464 毫米，年均气温最高可达 10.9℃[303]。整个流域的北部以天山山脉支脉为界，支脉主要包括科古琴山、婆罗科努山、依连哈比尔尕山，以及博尔塔拉蒙古自治州和塔城地区，西部则从霍尔果斯河一直向南延伸至昭苏县的阿拉爱格尔山口，与哈萨克斯坦接壤，南部与天山南脉和阿克苏地区相邻，东部的分水岭则是那拉提山，与巴音郭楞蒙古自治州隔开。

伊犁河谷行政区域现辖伊宁市、霍尔果斯市、伊宁县、察布查尔锡伯自治县（以下简称"察县"）、霍城县、巩留县、新源县、昭苏县、特克斯县以及尼勒克县。该地区既作为中哈跨境的内陆河流域，也是新疆的重要集水区，其水资源安全关乎社会经济发展和"一带一路"建设，对全疆生态涵养具有重要价值。因此，在气候变化、耕地扩张和旅游开发背景下，合理调控水供给服务流，促进干旱地区水资源安全势在必行。

3.1.1.2　气候特征

伊犁河谷为典型的大陆性气候，其自西向东被逐渐收缩的三条山脉环抱，地势由东向西倾斜，并形成了向西开口的"喇叭"，便于西风带湿润水汽抬升凝结形成降水，由此成为新疆降水量最多的地区，也是新疆北部冬季气温最高的地区。因地形向西开口，全河谷地区处于迎风面，降水丰富。

如图 3-1 所示，2005—2020 年伊犁河谷年均降水量为 283～401 毫米。总体上看，降水量呈波动上升趋势，共分为两个阶段。第一阶段：2005—2015 年降水量呈不断下降态势；第二阶段：2015—2020 年降水量呈大幅上升态势，并达到研究期最高值。谷地和山地的降水量存在差异，谷地年降水量约 300 毫米，山地年降水量为 500～1 000 毫米。2005—2020 年伊犁河谷年均气温为 7.8～9.3℃，总体上气温呈不断下降趋势，

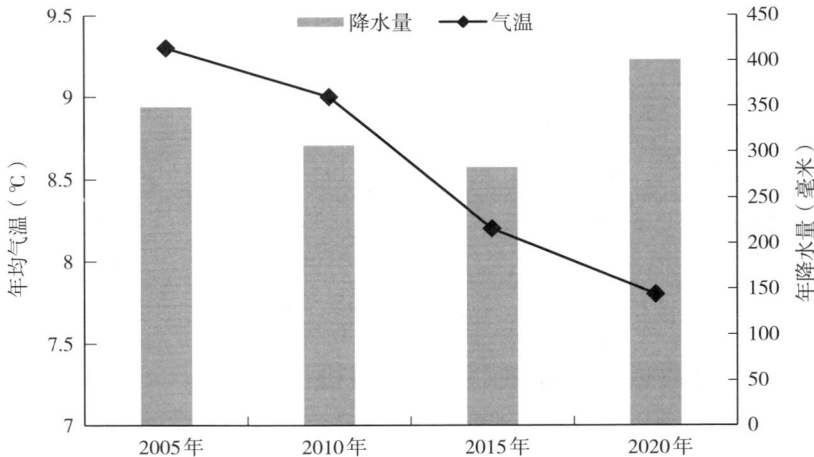

图 3-1　2005—2020 年伊犁河谷气温、降水量趋势

数据来源：《伊犁哈萨克自治州统计年鉴》（2006—2021 年）。

可分为两个阶段：第一阶段，2005—2010 年年均气温呈缓慢下降态势；第二阶段，2010—2020 年气温呈快速下降态势。年日照时数达 2 870 小时，享有"西域湿岛""塞外江南"的美誉。

3.1.1.3 土地利用/覆被

如表 3-1 所示，2005—2020 年伊犁河谷地区土地利用/覆被状况发生了较大改变。与 2005 年相比，2020 年耕地、湿地和裸地面积均呈增加态势。其中，湿地面积的增幅最大，增长率为 16 102.60%，可见在生态文明建设背景下，湿地保护效果显著。耕地和裸地面积同比增幅分别为 31.24%、146.73%。2005—2020 年林地和草地面积呈下降态势，林地面积降幅 14.13%，草地面积降幅 14.02%。

表 3-1　2005—2020 年伊犁河谷土地利用/覆被变化情况

单位：千米²

年份	耕地	林地	草地	湿地	裸地
2005	7 040.77	5 999.27	36 086.12	1.54	1 779.98
2010	8 468.37	5 186.70	30 402.14	11.71	4 549.54
2015	4 238.82	6 583.66	33 565.12	41.03	5 600.95
2020	9 240.60	5 151.57	31 027.34	249.52	4 391.76

3.1.1.4 土壤植被

伊犁河谷的植被覆盖度为新疆最高地区，平均覆盖度约 90%。河谷内拥有 2 000 多万公顷的天然草地和 180 万公顷的森林，森林覆盖率为 16%。剩下的土地覆盖着植被，除了雪线以上常年冰雪覆盖的区域，以及雪线以下的冰冻裸岩区。低山地带是春季和秋季的优良牧场，中山地带则是云杉林密布，而高山地区则是夏季的优质牧场。巩留县、新源县、特克斯县、霍城县等地保存着大片野果林，为第四纪冰川的孑遗植物。河谷内生长着 3 000 多种种子植物，是重要农、牧、林业生产基地。

3.1.2　伊犁河谷自然生态系统的特征

伊犁河谷地区为典型的内陆型大陆性气候，地势从西北向东南逐渐抬升，形成了向西开口的"喇叭状"地形。在纬度和地形的影响下，西风带的暖湿气流受高大山脉的阻拦在河谷形成了丰沛的降水。优越自然条件成就伊犁河谷成为新疆天山北坡一个相对完整的生态系统功能服务区，其土地覆被涉及草地、林地、湿地、耕地、裸地等类型，形成了一个包括草地生态系统、林地生态系统、湿地生态系统、农田生态系统和荒漠生态系统等多样化的复合陆地生态系统。伊犁河谷自然生态系统结构完整且稳定，并正常发挥着生态系统功能，为人类提供了赖以生存的环境和效用。具体包括淡水供给、食物生产、气体调节、气候调节、净化环境、水文调节、土壤保持、维持养分循环、生物多样性、美学景观等，且各生态系统服务间的主导关系为协同关系，呈增强趋势[304]，为伊犁河谷地区发展畜牧业、旅游业及种植业提供了天然条件[305]。

3.1.3　伊犁河谷自然生态系统的水供给服务

伊犁河谷生态系统的水供给服务主要为境内伊犁河的水资源供给量，由地表水和地下水构成，且以地表水为主，降水是水供给服务的重要补给来源，用于满足当地自然生态保护、社会经济生产和居民生活的水供给服务需求。由于伊犁河谷北、东、南三面环山地形的特殊性，在水供给服务供给过程中，呈现出流域式发展模式的典型特征。永久性冰川是伊犁河径流的主要发源地，特克斯河、巩乃斯河及喀什河三大主支流均发源于海拔较高的山地地区，其中特克斯河是伊犁河的第一大支流。

3.2　伊犁河谷水供给的基础工程、惠益及质量调查

水供给服务流是连接自然生态系统与社会经济系统的纽带。一方面，以自然河流网络为载体传输水供给服务，由上游流向下游；另一方面，水供给服务依赖人类社会系统建造的基础工程从供给区向需求区传递，有利于更好地实现水供给的惠益，而水供给的质量水平可从客观和主观两个层面展开评价。

3.2.1　伊犁河谷水供给的基础工程

3.2.1.1　水利设施

根据 2006 年、2011 年、2016 年和 2021 年《新疆统计年鉴》显示，

2005 年伊犁州直属县市建有水库 11 座，水库总库容量为 1 560 万米^3；2009 年伊犁州直属县市建有水库 14 座，水库总库容量为 255 535 万米^3。2015 年伊犁河谷地区建有水库 22 座，泵站 16 座；2020 年建有水库 20 座，泵站 17 座。综上可知，2005—2020 年伊犁河谷地区水利设施不断完善，水库、泵站数量逐渐增多，发挥着对自然界水资源的开发利用及保护作用。

3.2.1.2 供水工程情况

2015 年伊犁州直属县市建设城镇管网延伸工程 18 处，联村供水工程 136 处，单村供水工程 85 处；2020 年伊犁哈萨克自治州建设城镇管网延伸工程 301 处，联村供水工程 37 处，单村工程 85 处，千人以下工程 4 处。集中供水工程的建设完善，搭建了水供给服务由自然界到达千家万户的通道，实现了水供给服务从生态资源（自然水）向产品水（自来水）的转化。

3.2.2 伊犁河谷水供给的惠益

3.2.2.1 有效灌溉面积和节水灌溉面积

据《新疆统计年鉴》（2006—2016 年）显示，2005 年、2010 年伊犁河谷地区有效灌溉面积分别为 22.94 万公顷、29.11 万公顷；2015 年伊犁州直属县市节水灌溉面积为 25.84 万公顷。2005—2010 年伊犁河谷地区有效灌溉面积增加了 6.17 万公顷，灌溉工程发挥了重要作用；且节水灌溉工程、高效节水农田等的建设，也推动了节水灌溉面积的增加。

3.2.2.2 水土流失治理面积

2005 年、2009 年、2015 年伊犁州直属县市水土流失治理面积分别为 4.51 万公顷、5.53 万公顷和 21.44 万公顷；与 2005 年相比，2015 年水土流失治理面积增加了 16.93 万公顷，同比增长 375.39%，2005—2015 年伊犁河谷水土流失治理面积增速较快。2020 年统计口径发生改变，伊犁哈萨克自治州水土流失治理面积为 30.15 万公顷。

3.2.2.3 除涝治碱面积

2005 年伊犁州直属县市除涝面积为 1.37 万公顷，治碱面积为 1.55 万公顷；2009 年伊犁州直属县市除涝面积为 1.70 万公顷。2005—2009 年伊犁州直属县市除涝面积增加了 0.33 万公顷，同比增长 24.18%。

3.2.2.4　城乡居民饮水安全情况

2022 年伊犁河谷地区县级及以上城市饮用水水源地规范化完成率为 72.18%。城市自来水公司按照《城市供水水质标准》和《生活饮用水卫生标准》检测水样，全覆盖检查出厂水、水源水、管网水、管网末梢水等重点的水质指标。2005 年伊犁地区农村改善了 75.89 万人和 356.56 万头牲畜的饮水情况。2009 年、2010 年伊犁州直属县市农村饮水安全达标人口分别为 82.72 万人和 101.52 万人，本年新增饮水安全达标人口分别为 18.88 万人和 18.80 万人，农村饮水安全未达标人口为 61.48 万人和 43.7 万人。总体看来，伊犁河谷地区农村人畜饮水情况逐步改善，农村饮水安全人口不断增加，农村饮水情况向好发展。

3.2.3　伊犁河谷水供给的质量

3.2.3.1　伊犁州直属县市饮用水水源水质

如表 3 - 2 所示，通过参考 2022 年 7 月伊犁州人民政府发布的伊犁州直属县市饮用水水源水质信息[306]，获得各县市水源地名称、水源地类型、水质类别、达标情况、超标因子及超标倍数情况，评价标准参考《地表水环境质量标准》（GB 3838—2002）和《地下水质量标准》（GB/T 14848—2017）。水源地类型包括河流型、地下水型、湖库型，水质类别达到 Ⅱ 和 Ⅲ 类，所有水质都达标。其中河流型水源地，即地表型水源地均为 Ⅱ 类，该类型适用于集中式生活饮用水水源地一级保护区；地下水型水源地 Ⅱ 和 Ⅲ 类共存；湖库型水源地 Ⅲ 类。具体到各县市来看，伊宁市、霍尔果斯市、伊宁县、新源县、昭苏县、特克斯县和察县均为 Ⅱ 类标准，尼勒克县和霍城县的"地下水型"及巩留县的"湖库型"水源地类型为 Ⅲ 类标准。

表 3 - 2　2022 年 7 月伊犁州饮用水水源水质信息

县市	水源地	水源地类型	水质类别	达标情况	超标因子/倍数
伊宁市	伊宁市地表水水源地	河流型	Ⅱ	达标	无
霍尔果斯市	霍尔果斯水厂水源地	地下水型	Ⅱ	达标	无
伊宁县	伊宁县吉里格郎河水源地	河流型	Ⅱ	达标	无

（续）

县市	水源地	水源地类型	水质类别	达标情况	超标因子/倍数
新源县	新源县卡普河水源地	河流型	II	达标	无
昭苏县	昭苏县大洪纳海河水源地	河流型	II	达标	无
	昭苏县赛克萨依沟水源地	河流型	II	达标	无
特克斯县	特克斯县阔克铁热克河高段地表水源地	河流型	II	达标	无
尼勒克县	尼勒克县水厂水源地	地下水型	III	达标	无
察县	察县烟草基地水源地	地下水型	II	达标	无
霍城县	霍城县两镇一乡水源地	地下水型	III	达标	无
巩留县	巩留县水厂水源地	地下水型	II	达标	无
	巩留县山口水库水源地	湖库型	III	达标	无

资料来源：伊犁州人民政府网站。评价标准《地表水环境质量标准》（GB 3838—2002）和《地下水质量标准》（GB/T 14848—2017）。

3.2.3.2 伊犁河谷城乡居民对水供给质量的评价

为全面掌握伊犁河谷地区水供给的质量，对该地区城乡居民的用水体验进行了问卷调研，获得 789 份城乡居民对家庭自来水的评价情况。由表3-3可知，在停水次数方面，59.01％的城市居民和 76.54％的农村居民表示每年停水次数在 3 次及以下，停水原因多为定期正常检修和冲洗工作。在水压稳定方面，大部分城乡居民认为自来水的水压比较稳定；在自来水硬度方面，城乡居民普遍认为自来水处于中等硬度水平；恶劣天气后，多数城乡居民认为自来水存在浑浊情况。在自来水有难闻气味方面，37.9％的城市居民和 80.63％的农村居民认为自来水没有难闻的味道。超过半数的城乡居民认为自来水清澈无杂质，仅极少数居民认为自来水浑浊有杂质；21.1％的城市居民和 7.87％的农村居民家庭中有人患结石类地方病。

总体看来，伊犁河谷地区城乡居民对水供给质量的评价处于中上水平，且农村地区水供给质量优于城市地区。其中农村地区停水次数少于城市地区，主要原因在于城市居民区楼房居多，特别是高层需要二次供水，蓄水池需要定期检修清洗。农村地区绝大多数居民认为自来水没有难闻气味，清澈且无杂质，多是由于农村地区靠近水源地，自来水运输路程较短，水质相对较优。城乡居民均存在结石类地方病，表明该地区自来水中的含钙和盐类物质比较高。

表 3 - 3   城市和农村居民对自来水供给质量的评价

指标	选项	城市居民（%）	农村居民（%）	指标	选项	城市居民（%）	农村居民（%）
每年停水超过 8 小时次数	3 次及以下	59.01	76.54	恶劣天气过后，水质浑浊情况	从未有过	29.2	49.45
	4～6 次	21.74	14.02		很少会有	36	27.4
	7 次及以上	19.25	9.45		有时会有	27.3	12.44
自来水水压情况	正常稳定	74.5	79.53		经常会有	4.3	7.4
	太低	7.5	7.56		总会有	3.1	3.31
	不稳定	18	12.91	自来水有难闻的气味	从未有过	37.9	80.63
自来水硬度	极硬	3.7	4.88		很少会有	39.1	14.33
	硬	25.5	29.13		有时会有	19.3	4.09
	中等	68.9	61.1		经常会有	1.2	0.79
	软	0.6	4.25		总会有	2.5	0.16
	极软	1.2	0.63	自来水颜色和杂质情况	清澈无杂质	51.6	68.66
地方病（胆结石、肾结石）	是	21.1	7.87		清澈有杂质	40.4	22.36
					浑浊无杂质	6.2	6.3
	否	78.9	92.13		浑浊有杂质	1.9	2.68

数据来源：调研数据整理所得。

3.3 伊犁河谷水供给服务供给的时空演变特征及其影响因素

3.3.1 数据预处理

首先借助专业气象差分软件 ANUSPLIN 对日气压、相对湿度、太阳辐射、风速、日照时数、最高气温和最低气温等数据进行批量插值，生成研究区日尺度 1 千米分辨率的气候栅格数据，主要用于计算潜在蒸散量和年降水量。其次，采用最大合成法，提取每年 12 月中归一化植被指数（NDVI）最大值，以合成逐年的 NDVI 数据。最后，为考虑光合有效辐射和植物对光能的实际利用，选择 CASA 模型确定植被净初级生产力

（NPP）；土地利用数据包括 2005 年、2010 年、2015 年和 2020 年共四期数据，NPP 和土地利用数据的空间分辨率为 1 千米。

3.3.2 研究框架、模型构建与指标选取

3.3.2.1 研究框架

以产水服务表征水供给服务的供给服务，以产水量衡量水供给服务的供给量。如图 3-2 所示，构建了水供给服务供给"生态评估—时空分异—影响因子"的研究框架。首先，基于土地利用数据、降水数据、植被数据及土壤等数据，应用 InVEST 模型中的产水模块开展伊犁河谷 2005 年、2010 年、2015 年及 2020 年的水供给服务供给量评估；其次，从水供给服务供给量的时间变化、空间分布及不同土地利用类型产水量差异入手，展开其差异分析，揭示伊犁河谷水供给服务供给的时空分异特征；最后，通过分析水供给服务的供给量与气候因子、土地利用因子和社会经济因子之间的相关关系，确定水供给服务供给时空变化的影响因素。

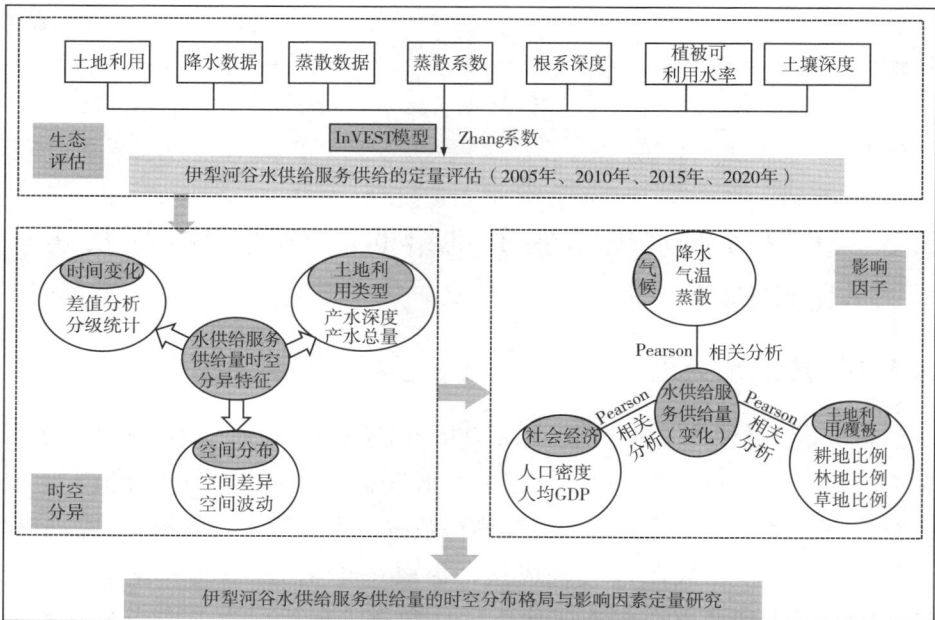

图 3-2 伊犁河谷水供给服务供给的时空分布及影响因素研究框架

3.3.2.2　InVEST 模型

InVEST 模型产水（water yield）模块，根据水量平衡原理[307]，基于气候、地形和土地利用/覆被，利用降水量减去实际蒸散量计算每个栅格的径流量。计算公式如下：

$$Y_{xj} = \left(1 - \frac{AET_{xj}}{P_x}\right) P_x \qquad (3-1)$$

$$\frac{AET_{xj}}{P_x} = \frac{1 + \omega_x R_{xj}}{1 + \omega_x R_{xj} + 1/R_{xj}} \qquad (3-2)$$

$$R_{xj} = \frac{k \times ET_0}{P_x} \qquad (3-3)$$

$$\omega_x = Z \frac{AWC_x}{P_x} \qquad (3-4)$$

$$AWC_x = \mathrm{MIN}(Max\ Soil\ Depth_x, Root\ Depth_x) \times PAWC_x \qquad (3-5)$$

$$PAWC_x = 54.509 - 0.132 sand - 0.003\ (sand)^2 - 0.055 silt -$$
$$0.006\ (silt)^2 - 0.738 clay + 0.007\ (clay)^2 - \qquad (3-6)$$
$$2.688 om + 0.501\ (om)^2$$

式中：Y_{xj} 为植被覆盖类型 j 上栅格单元 x 的年均产水量（毫米）；P_x 为栅格单元 x 的年均降水量（毫米）；AET_{xj} 为土地利用/覆被类型 j 上栅格单元 x 的年均实际蒸散发量（毫米）；ω_x 为栅格单位 x 修正植被年可利用水量的比值，无量纲，定义为潜在蒸散发量与降水量的比值；R_{xj} 为土地利用/覆被类型 j 上栅格单元 x 的 Budyko 干燥指数，无量纲，为潜在蒸散发量与降水量的比值；k 为植被蒸散系数，是不同发育期植被蒸散发量与潜在蒸散发量 ET_0 的比值，InVEST 模型手册中称之为植被蒸散系数；Z 为 Zhang 系数[308]，是表征降水季节性特征的一个常数，取值为 1~10，降水主要集中在冬季时，其值接近于 10，降水主要集中在夏季或季节分布较均匀时，其值接近于 1；AWC_x 为栅格单位 x 的植被有效可利用水（毫米），其由土壤质地、土壤深度与根系深度决定，用来表示土壤中可被植物生长所利用的总水量；$Max\ Soil\ Depth_x$ 为栅格单元 x 的最大土壤厚度（毫米）；$Root\ Depth_x$ 为栅格单元根系深度（毫米）；$PAWC_x$ 为栅格单元 x 的植被可利用水，无量纲，取值为 0~1，根据土壤质地计算而得；$sand$ 为土壤砂粒含量（%）；$silt$ 为土壤粉粒含量（%）；$clay$ 为土壤黏粒含量（%）；

om 为土壤有机质含量（％）。

3.3.2.3　趋势分析

线性回归分析法因其过程简单、适用性广、解释直观而成为趋势分析的常用方法[309]，可以用来分析水供给服务供给的变化趋势，计算公式如下：

$$k = \frac{n \times \sum\limits_{i=1}^{n} i \times WY_i - \sum\limits_{i=1}^{n} i \sum\limits_{i=1}^{n} WY_i}{n \times \sum\limits_{i=1}^{n} i^2 - (\sum\limits_{i=1}^{n} i)^2} \qquad (3-7)$$

式（3-7）中：WY_i 为第 i 年的水供给服务供给量（毫米）；n 为累计年数；i 为年序号；k 为水供给服务供给量变化趋势的斜率。当 $k>0$ 时，表明水供给服务供给量呈持续上升的趋势；反之，当 $k<0$，表明水供给服务供给量呈不断下降的趋势。

3.3.2.4　变异系数

变异系数的计算方法是用标准差除以平均值，通常用于评估数据的波动性[310]。可用此方法研究水供给服务供给的空间波动特征，其计算公式如下：

$$C_v = \frac{S}{|\overline{x}|} \qquad (3-8)$$

式（3-8）中：C_v 为变异系数，S 为标准差，$\overline{x}$ 为平均值。变异系数越小，表明水供给服务供给量的年际波动程度越小；反之，变异系数越大，则表明水供给服务供给量的年际波动程度越大。

3.3.2.5　皮尔逊相关系数

皮尔逊相关系数法（Pearson Correlation）是一种准确度量两个变量之间关系密切程度的统计学方法[311]。对于两个变量 x 和 y，通过试验可以得到若干组数据，记为 $(x_i，y_i)$（$i=1，2，…，n$），公式如下：

$$p = \frac{\sum\limits_{i=1}^{n} (x_i - \overline{x})(y_i - \overline{y})}{\sqrt{\sum\limits_{i=1}^{n} (x_i - \overline{x})^2} \sqrt{\sum\limits_{i=1}^{n} (y_i - \overline{y})^2}} \qquad (3-9)$$

式（3-9）中：$\overline{x}$、$\overline{y}$ 分别为 n 个数据的均值。相关系数 p 的取值范

围为 $-1\sim1$，即 $|p|\leqslant1$。$|p|$ 越接近 1，表明 x 与 y 的线性相关程度越高。由于 p 是通过样本数据计算所得，受到样本选择随机性和样本数量的影响，便需要使用显著性检验来评估样本系数的可靠性。相关程度分类标准如表 3-4 所示。

表 3-4 相关程度划分标准

相关系数取值	相关程度
$p=1$	完全正线性相关关系
$\lvert p\rvert\geqslant0.8$	高度相关
$0.5\leqslant\lvert p\rvert<0.8$	中度相关
$0.3\leqslant\lvert p\rvert<0.5$	弱相关
$\lvert p\rvert<0.3$	非线性相关
$p=0$	不存在线性相关关系
$p=-1$	完全负线性相关关系

3.3.3　伊犁河谷水供给服务供给的时空变化分析

3.3.3.1　伊犁河谷水供给服务供给的时间变化分析

如图 3-3 所示，伊犁河谷多年平均产水深度为 56.32 毫米，总体呈下降趋势。其中，2010 年产水深度最大，为 86.05 毫米；2020 年产水深

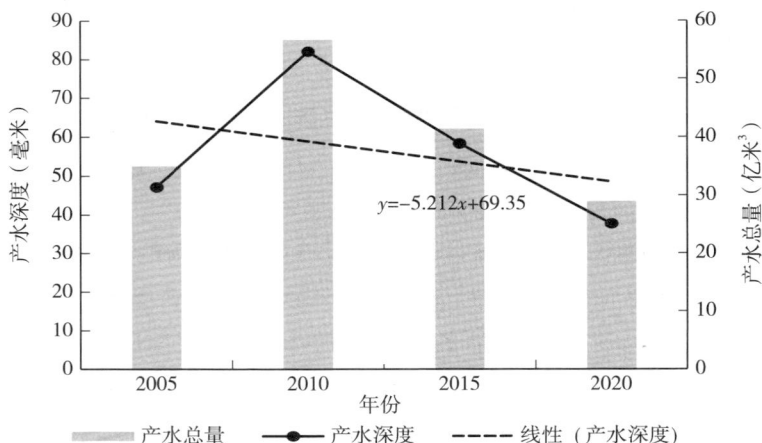

$$y=-5.212x+69.35$$

图 3-3　2005—2020 年伊犁河谷产水深度、总量及年际趋势变化

度最小，为 37.69 毫米。水供给服务在不同时期的变化趋势具有明显差异，2005—2010 年呈明显上升态势，增加速率为 6.98 毫米/年；2010—2020 年呈明显下降趋势，下降速率为 4.44 毫米/年。2005 年、2010 年、2015 年、2020 年的伊犁河谷产水总量分别为 3.487×10^9 米^3、5.658×10^9 米^3、4.131×10^9 米^3、2.882×10^9 米^3。与 2005 年相比，2020 年产水服务总量共缩减了 0.605×10^9 米^3，下降了 17.3%。从趋势分析上看，k 为 -5.212，斜率小于 0，产水量呈现出下降趋势，且产水服务在不同年份间的变化趋势不具备显著性，表明水供给服务供给本身的变化趋势并不明显，多由外界因素的变化而发生改变。因此，需要进一步探究影响水供给服务变化的因素。

3.3.3.2 伊犁河谷水供给服务供给的空间变化分析

（1）伊犁河谷各县市平均产水深度分析

利用自然断点法将 2005—2020 年伊犁河谷产水深度均值分为三个等级，依次为低值区、中值区和高值区。如表 3-5 所示，伊犁河谷地区产水深度在空间上的分布具有明显的空间分异特征，整体呈现出"三足鼎立"的格局，即高值区（64.69～183.18 毫米）分布于伊犁河谷的西北部、东北部及西南部，涵盖霍尔果斯市、尼勒克县和昭苏县。低值区（7.76～17.71 毫米）集中分布于伊犁河谷中部偏北区域，涵盖伊宁县和伊宁市。其余县市为中值区（17.71～64.69 毫米），包括霍城县、察县、新源县、巩留县和特克斯县。

表 3-5　2005—2020 年伊犁河谷各县市产水服务均值分区

各县市	伊宁市	霍尔果斯市	伊宁县	察县	霍城县	巩留县	新源县	昭苏县	特克斯县	尼勒克县
产水服务均值分区	低值区	高值区	低值区	中值区	中值区	中值区	中值区	高值区	中值区	高值区

如表 3-6 所示，伊犁河谷各县市的产水深度亦存在明显差异，其中霍尔果斯市产水深度最高（183.18 毫米），伊宁市产水深度最低（7.76 毫米）。位于伊犁河流域中游的伊宁县和伊宁市的产水深度较低（<20 毫米），多年平均降水量为 334.75～416.87 毫米，平均气温为 9.85～

10.10℃，土地利用类型中耕地占比为 21%～32%，林地占比为 3%～7%，草地占比为 53%～69%。察县、霍城县、巩留县和新源县的产水量较低（<60 毫米），平均降水量为 249.55～545.87 毫米，平均气温为 8.58～10.10℃，土地类型中耕地占比为 14%～30%，林地占比为 6%～19%，草地占比为 51%～70%。霍尔果斯市、尼勒克县、特克斯县和昭苏县的产水深度相对较高（60.69～183.18 毫米），多年平均降水量为 307.2～530.5 毫米，平均气温为 3.73～10.18℃，土地利用类型中耕地占比为 5%～17%，林地占比为 3%～15%，草地占比为 53%～70%。综上可知，年均气温低、降水量多、耕地面积少且林地和草地面积大的县市，其产水量相对较高。

表 3-6　2005—2020 年伊犁河谷各县市平均气温、
降水、土地利用/覆被占比及产水深度

各县市	平均气温 （℃）	平均降水量 （毫米）	耕/林/草地 占比（%）	平均产水深度 （毫米）
伊宁市	10.10	334.75	32/3/53	7.76
霍尔果斯市	10.18	307.20	17/3/53	183.18
伊宁县	9.85	416.87	21/7/69	17.71
察县	9.73	249.55	30/9/51	28.40
霍城县	10.10	304.44	21/6/70	26.10
巩留县	8.58	340.56	19/19/54	26.63
新源县	9.53	545.87	14/16/62	25.54
昭苏县	3.73	530.50	12/9/57	95.81
特克斯县	6.58	454.28	5/15/64	64.69
尼勒克县	7.33	455.80	5/7/70	87.38

（2）伊犁河谷各县市平均产水深度的波动情况

根据变异系数的计算结果，利用自然断点法将 2005—2020 年伊犁河谷平均产水深度的波动情况分为五类：低波动（0～0.22）、相对低波动（0.22～0.27）、中等波动（0.27～0.43）、相对高波动（0.43～0.68）、高波动（0.68～1.18）。如表3-7所示，从波动性的空间分布来看，产水服务的波动性具有明显的空间分异特征，总体上呈"西北高于西南，东北低于东南"的对角线相似分布态势。其中，伊宁市位于高波动区域，并以其为核心向周边县市辐射，霍城县、伊宁县和察县属于相对高波动区域。巩留县和新源县属于中等波动区域；霍尔果斯市属于相对低波动区域。尼勒克县、昭苏县和特克斯因分别位于流域主支流喀什河和特克斯河的流经处，其水供给服务供给量比较稳定，波动性相对较弱，都位于低波动区域。

表3-7　2005—2020年伊犁河谷各县市平均产水深度波动情况

各县市	伊宁市	霍尔果斯市	伊宁县	察县	霍城县	巩留县	新源县	昭苏县	特克斯县	尼勒克县
平均产水深度波动	高波动	相对低波动	相对高波动	相对高波动	相对高波动	中等波动	中等波动	低波动	低波动	低波动

（3）伊犁河谷各县市产水服务总量分析

如图3-4所示，2005—2020年伊犁河谷年产水服务总量谷值逐年降低，而峰值则处于波动变化状态，但整体上处于下降趋势。总体来说，昭苏县和尼勒克县产水量充沛，临近昭苏县的特克斯县和临近尼勒克县的新源县及霍尔果斯市的产水量相对稳定，而以伊宁市为中心的伊宁县、察县、霍城县的产水能力较弱，并呈现不断下降趋势。

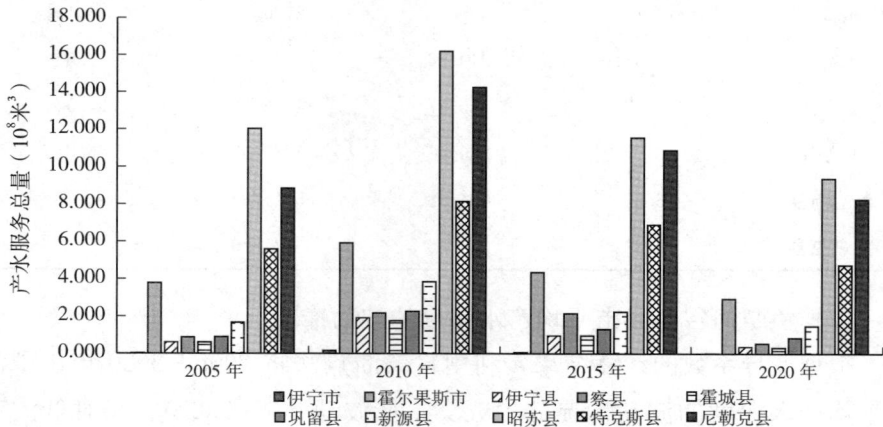

图3-4　2005—2020年伊犁河谷各县市产水服务总量

3.3.4　伊犁河谷不同土地利用类型的水供给服务供给差异分析

在单位面积平均产水能力和分布面积的双重影响下,不同土地利用类型的产水深度和产水总量存在较大差异。由图 3−5 可知,耕地、林地、草地、水域、建设用地和未利用地 6 种土地类型的产水深度各异,且同一土地利用类型在不同年份的产水深度亦不相同。其中,未利用地的产水深度明显高于其他土地利用类型,且 2005—2020 年未利用地的产水深度存在明显起伏变化,2005—2010 年经历了小幅度下降;2010—2015 年产水深度大幅上升并在 2015 年达到最高值 1 025.46 毫米;2015—2020 年产水深度断崖式下降,远低于其他年份。

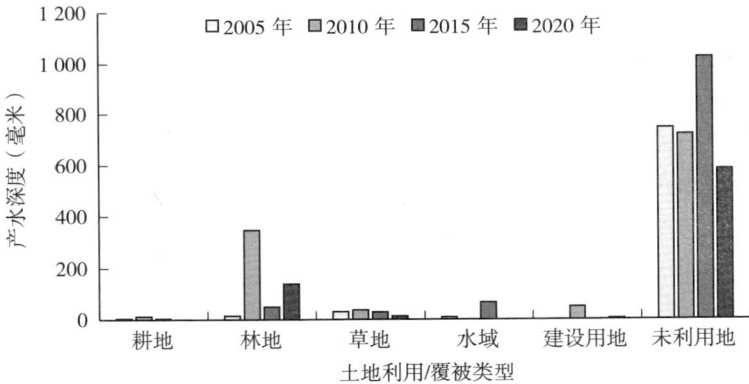

图 3−5　2005—2020 年伊犁河谷不同土地利用类型的平均产水深度变化

由图 3−6 可知,在不同土地利用类型的多年平均产水总量对比中,

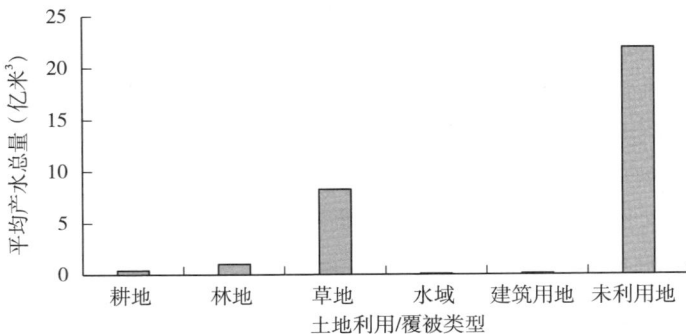

图 3−6　伊犁河谷不同土地利用类型的多年平均产水总量

未利用地产水总量位居第一，草地产水总量位居第二。其中，草地作为伊犁河谷最主要的土地利用类型，占河谷总面积的 61%；耕地、未利用地和林地面积次之，占比分别为 14%、12% 和 11%。未利用地和草地具有较高的单位产水量，是伊犁河谷产水总量的主要贡献者，占总产水量的 96%，林地和耕地的供水量分别占总产水量的 3% 和 1%。

3.3.5 伊犁河谷水供给服务供给的时空变化影响因素分析

如表 3-8 所示，在气候因子中，降水量与产水量分别在 0.01 和 0.05 级别的置信水平显著相关，而气温、潜在蒸散和实际蒸散与产水量在 0.01 级别的置信水平呈现明显的负相关关系。在土地利用/覆被因子中，产水量与耕地比例在 0.05 级别的置信水平呈现显著的负相关关系，而与林地比例、草地比例不存在显著的相关关系。在社会经济因子中，产水量与人口密度和人均 GDP 不存在显著的相关关系。

根据相关程度的等级划分来看，2010 年和 2020 年的降水量与产水量均呈显著正相关关系，其中 2010 年降水量与产水量在 0.05 显著性水平上中度相关，2020 年降水量与产水量在 0.01 显著性水平上低度相关。降水量对产水量具有显著的促进作用，虽然 2020 年较 2010 年相关程度有所下降，但其显著性水平得到提升，降水量是影响水供给服务供给因素中不可或缺的因素之一。表现为降水量丰富的区域其产水量亦较丰富，例如昭苏县雨水较多，其产水量相对丰富。

2005—2020 年气温、潜在蒸散和实际蒸散与产水量均存在高度负相关关系，即气温和蒸散值越高，产水量越低，气温较高的县市其蒸发量较高，产水量较低。例如城市的铺砖地面、建筑墙壁改变了下垫面的热属性，再加之人口和机动车辆排放的二氧化碳等气体会吸收热量，从而导致气温升高，因此，伊宁市的气温较其他县市高；而地处海拔较高的区域，气温较低，产水量则较高。气候变化是影响水供给服务供给的重要驱动因素，这也印证了韩会庆[96]和杨文杰等[97]学者的研究结论。

耕地比例与产水量亦存在中度负相关关系，随着耕地面积扩张，产水量逐渐降低。即耕地面积较多县市的产水量低于耕地面积较低的县市，例如伊宁县和察县作为农业种植大县，耕地占比较多，其产水量便低于耕地占比较少、草地占比较大的以牧业发展为主的昭苏县和尼勒克县。

表 3-8　伊犁河谷各县市平均产水量与气候因子、土地利用/
覆被因子及社会经济因子的相关性

	年份	降水	气温	潜在蒸散	实际蒸散	耕地比例	林地比例	草地比例	人口密度	人均GDP
产水量	2005	0.299	−0.890**	−0.885**	−0.853**	−0.669*	0.086	0.225	−0.359	−0.387
	2010	0.583*	−0.847**	−0.892**	−0.871**	−0.681*	0.055	0.085	−0.411	−0.259
	2015	0.166	−0.849**	−0.833**	−0.869**	−0.756*	−0.181	0.11	−0.394	−0.306
	2020	0.362**	−0.822**	−0.895**	−0.858**	−0.650*	0.041	0.202	−0.325	−0.123

注：**、* 分别表示在 0.01、0.05 水平（双侧）上显著相关。

3.4　本章小结

　　基于宏观统计年鉴数据和微观调研数据，在了解伊犁河谷生态系统基本情况的基础上，分析了水供给的基础工程、惠益及质量情况，依据气象数据、地理空间数据、土地利用等数据，利用 InVEST 模型从县域尺度确定伊犁河谷水供给服务供给的时空格局，明确不同土地利用类型的水供给服务供给情况，并探究了水供给服务供给时空变化的影响因素。主要结论如下：

　　1）伊犁河谷自然生态系统结构完整且稳定，其水供给服务主要为境内伊犁河的水资源供给量，由地表水和地下水构成，且以地表水为主，降水是重要补给来源。随着伊犁河谷地区水供给工程不断建设完善，有效灌溉面积、水土流失治理面积和除涝治碱面积等惠益不断增加，提升了对水供给服务的输送、转化和可持续利用水平，建立了水供给服务由自然界到千家万户的通道，实现了从生态资源（自然水）向产品水（自来水）的转化。伊犁河谷各县市水源水质标准和城乡居民对水供给质量的评价均处于中上水平，且农村地区水供给质量优于城市地区。

　　2）2005—2020 年伊犁河谷地区产水深度、产水量总体呈下降趋势，分阶段看呈现先增加后减少的趋势。产水深度和产水服务波动性在空间上分布具有明显的空间分异特征，产水深度整体呈现出"三足鼎立"的格局；产水服务波动性总体上呈"西北高于西南，东北低于东南"的对角线相似分布态势；伊犁河谷产水量的峰值明显分布在研究区的西南部，谷值区分布在西北部以伊宁市为核心的周边县市，具有明显的空间集聚特征。在单位面积平均产水能力和分布面积的双重影响下，不同土地利用类型的产水深度和产水总量存在较大差异，未利用地产水总量位居第一，草地产水总量位居第二。

3）不同年份产水量波动与气候变化密切相关，尤其是降水、气温、蒸散和耕地比例对产水量具有显著影响，而社会经济因素中的人口密度和人均 GDP 对产水量的影响不显著。

第4章 CHAPTER 4

伊犁河谷水供给服务需求的调查与分析

水供给服务需求的调查与分析不仅能实现对水供给服务需求侧状况的全面认知和宏观把握，也是衡量水供给服务"供需"关系，揭示水供给服务流产生的另一重要基础。本章首先利用统计年鉴数据，在探讨水供给服务需求现状的基础上，选择用水量最多的生产用水和与居民生活息息相关的生活用水指标来计算水供给服务的需求量，分析其时空演变特征，阐释其影响因素；最后基于789份微观调查数据，探讨居民水供给服务利用行为的城乡差异及其影响因素。

4.1 伊犁河谷水供给服务需求现状

4.1.1 伊犁河谷及各县市人口数量变化情况

4.1.1.1 伊犁河谷人口数量变化情况

如图4-1所示，2005—2015年伊犁河谷内人口数量处于不断增加的趋势，其中2005—2010年和2010—2015年人口数量的增幅相当；2015—2020年人口数量处于下降阶段，由2015年的271.48万人下降至2020年的263.24万人，下降了3%左右。

4.1.1.2 伊犁河谷各县市人口数量变化情况

如图4-2所示，总体来看2005—2020年伊犁河谷人口数量呈先上升后下降趋势，其中2005—2015年各县市人口数量呈不断上升趋势，2015—2020年各县市人口数量呈下降趋势。伊宁市、伊宁县、霍城县和新源县年均人口在30万人以上；察县、巩留县、昭苏县、特克斯县和尼勒克县的人口数量为17万~20万人。人口数量直接决定居民的生活

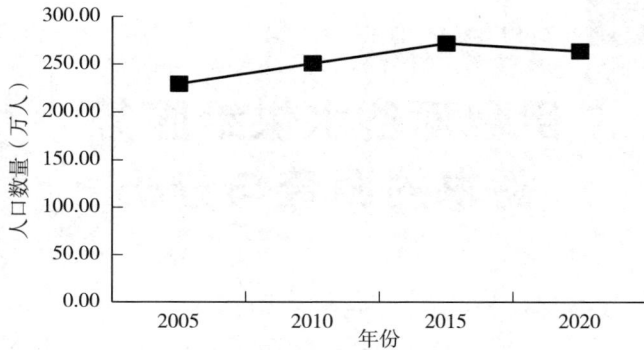

图 4-1　2005—2020 年伊犁河谷人口数量变化趋势

数据来源：《伊犁哈萨克自治州统计年鉴》（2006—2021 年）。

用水量，伊宁市具有人口数量多、居住密集的特点，其生活用水量居于首位。

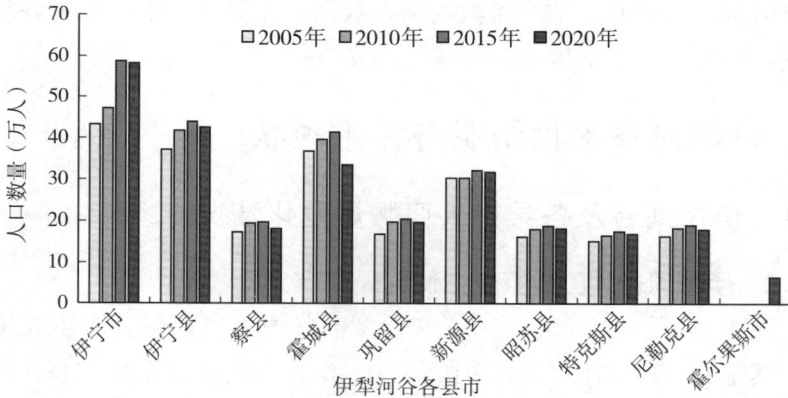

图 4-2　2005—2020 年伊犁河谷各县市人口数量变化趋势

数据来源：《伊犁哈萨克自治州统计年鉴》（2006—2021 年）。

4.1.2　伊犁河谷 GDP 及各县市三大产业发展情况

4.1.2.1　伊犁河谷 GDP 变化情况

如图 4-3 所示，2005 年、2010 年、2015 年、2020 年伊犁河谷 GDP 分别为 142.75 亿元、335.87 亿元、688.92 亿元、1 063.33 亿元。2005—

2020 年，GDP 增加了 920.58 亿元，增长率为 644.89%，GDP 的增长速度极快。该地区自然条件较为优越，农、林、牧、旅等产业发展优势显著。

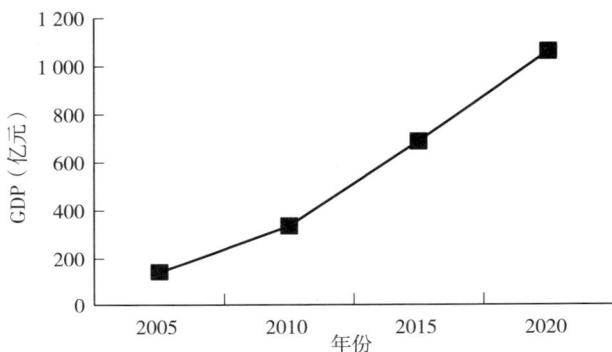

图 4-3　2005—2020 年伊犁河谷 GDP 变化趋势

数据来源：《伊犁哈萨克自治州统计年鉴》（2006—2021 年）。

4.1.2.2　伊犁河谷各县市三大产业发展情况

（1）伊犁河谷各县市第一产业 GDP

由图 4-4 可知，2005—2020 年伊犁河谷各县市第一产业产值呈上升趋势，2020 年较 2005 年呈倍数增长。新源县、伊宁县、霍城县和察县以发展农业为主，2020 年第一产业产值分别为 333 488 万元、322 391 万元、

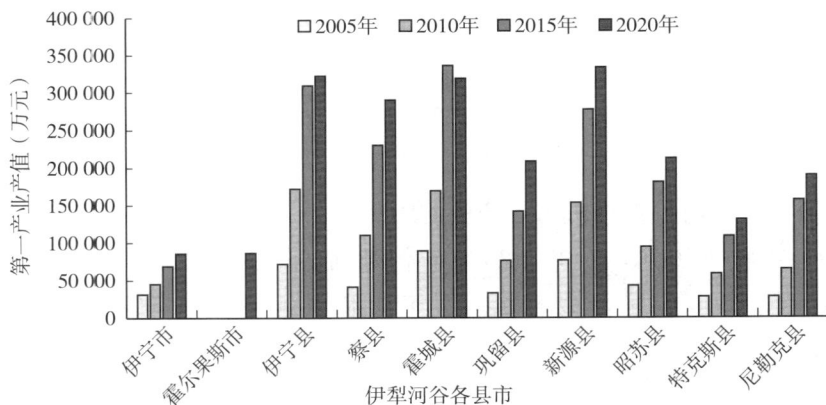

图 4-4　2005—2020 年伊犁河谷各县市第一产业产值情况

数据来源：《伊犁哈萨克自治州统计年鉴》（2006—2021 年）。

318 633 万元、290 160 万元，明显高于其他县市。2015—2020 年霍城县产值略有下降，其余县市持续增长。伊宁市和霍尔果斯市的一产产值分别为 85 880 万元和 86 728 万元，一产产值较低，且伊宁市的一产产值增长速度较缓慢。

（2）伊犁河谷各县市第二产业 GDP

由图 4-5 可知，2005—2020 年伊犁河谷各县市第二产业产值存在两种变化趋势。一是伊宁市、伊宁县、察县、新源县的二产产值呈逐年上升态势，其中 2020 年伊宁市的二产产值最高，达到 786 114 万元。二是霍城县、尼勒克县、巩留县、昭苏县、特克斯县的二产产值呈"先上升后下降"态势，2005—2015 年二产产值不断上升，2020 年二产产值下降。

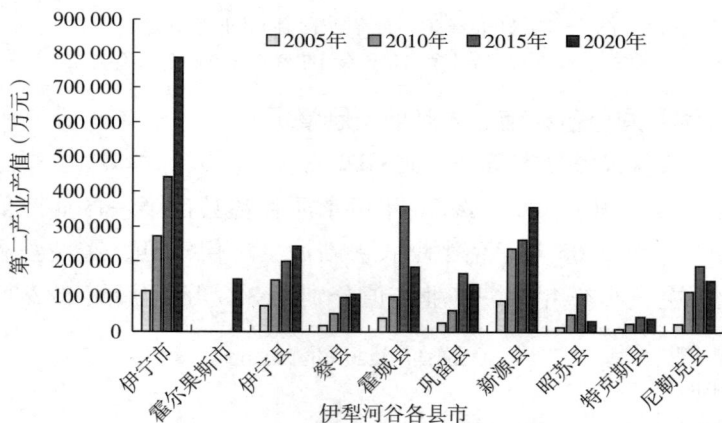

图 4-5　2005—2020 年伊犁河谷各县市第二产业产值情况

数据来源：《伊犁哈萨克自治州统计年鉴》（2006—2021 年）。

（3）伊犁河谷各县市第三产业 GDP

由图 4-6 可知，2005—2020 年伊犁河谷第三产业产值呈上升趋势，2020 年较 2005 年呈倍数增长。伊宁市和霍尔果斯市的第三产业产值远超其他县市，其中，2020 年伊宁市和霍尔果斯市三产产值分别为 2 086 739 万元和 1 703 634 万元，其余 8 县的三产产值较低且发展水平相差不大，可见城市地区的三产发展情况较好，各县第三产业发展水平有待提升。

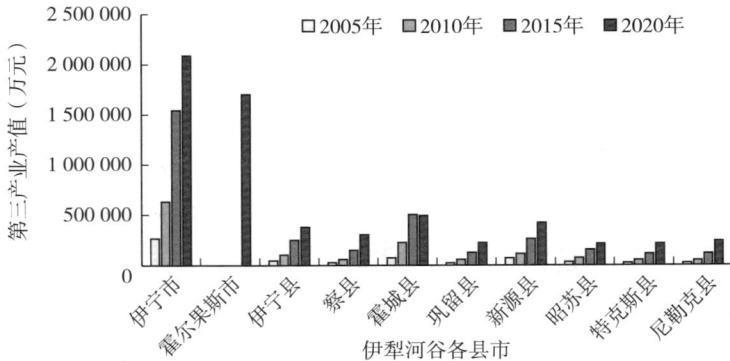

图 4-6　2005—2020 年伊犁河谷各县市第三产业产值情况

数据来源：《伊犁哈萨克自治州统计年鉴》（2006—2021 年）。

综上可知，2005—2020 年伊犁河谷各县市产业发展态势良好，水供给服务需求量也将增加。其中，伊宁市和霍尔果斯市以第二、三产业为主，其余县市以第一产业为主。据相关年鉴资料可知，第一产业用水量高于第二、三产业，因此，以发展第一产业为主的各县其生产用水量也较高。

4.2　伊犁河谷水供给服务需求的时空演变特征及其影响因素

4.2.1　模型构建与变量选取

4.2.1.1　水供给服务需求量化模型

水供给服务需求计算参考欧维新等[265]量化太湖流域水供给服务需求的方法。主要包括人类从事生产及生活的水资源消耗量，不包括植被吸收、河流下渗等其他过程消耗的水资源。由于生态用水量占比最少，在此忽略不计。水供给服务需求模型主要包括四大类：第一产业用水、第二产业用水、第三产业用水和居民生活用水。计算公式如下：

$$W_i = P_i + S_i + T_i + L_i \qquad (4-1)$$

$$P_i = (P_{县市} / P_{州直属}) \times M_{州直属P} \qquad (4-2)$$

$$S_i = (S_{县市} / S_{州直属}) \times M_{州直属S} \qquad (4-3)$$

$$T_i = (T_{县市} / T_{州直属}) \times M_{州直属T} \qquad (4-4)$$

$$L_i = (L_{县市} / L_{州直属}) \times M_{州直属L} \qquad (4-5)$$

式中：P_i、S_i、T_i、L_i 分别代表伊犁河谷各县市的一产用水、二产用水、三产用水及生活用水。$P_{县市}$ 是各县市一产增加值（万元）；$P_{州直属}$ 是伊犁州直属县市一产增加值（万元），$M_{州直属P}$ 是伊犁州直属县市一产用水总量（亿米^3）。$S_{县市}$ 是各县市二产增加值（万元）；$S_{州直属}$ 是伊犁州直属县市二产增加值（万元），$M_{州直属S}$ 是伊犁州直属县市二产用水总量（亿米^3）。$T_{县市}$ 是各县市三产增加值（万元）；$T_{州直属}$ 是伊犁州直属县市三产增加值（万元），$M_{州直属T}$ 是伊犁州直属县市三产用水总量（亿米^3）。$L_{县市}$ 是各县市的人口总数（万人），$L_{州直属}$ 是伊犁州直属县市人口总数（万人），$M_{州直属L}$ 是伊犁州直属县市生活用水总量（亿米^3）。

4.2.1.2 灰色关联分析

灰色关联分析主要用于研究系统内繁杂、难于鉴别的各子系统（或要素）间联系的紧密程度。本研究采用灰色关联系数度量伊犁河谷各县市水供给服务需求量与各要素之间联系的密切程度。对第 j 个县市来说，第 i 个水供给服务的需求量与各要素之间的灰色关联度计算步骤为[312]：确定比较数列和参考数列，分别记为 X_{ij} 和 X_{0j}（$i=1, 2, 3, \cdots, m$；$j=1, 2, 3, \cdots, n$）；运用初值化方法，对指标数据序列进行无量纲化处理，公式如下：

$$X'_{ij} = (X_{ij} - X_{ij\min}) / (X_{ij\max} - X_{ij\min}) \qquad (4-6)$$

依次测算每个比较序列与参考序列间的灰色关联度，即第 i 个水供给服务的需求量与各要素之间的灰色关联度 δ_i，公式如下：

$$\delta_i = \frac{1}{n} \sum_{j=1}^{n} \frac{\mathrm{Min}_i \mathrm{Min}_j \mid X'_{0j} - X'_{ij} + \mu \mathrm{Max}_i \mathrm{Max}_j \mid X'_{0j} - X'_{ij} \mid}{\mid X'_{0j} - X'_{ij} \mid + \mu \mathrm{Max}_i \mathrm{Max}_j \mid X'_{0j} - X'_{ij} \mid} (\mu = 0.5)$$

$$(4-7)$$

若上式适用灰色关联公理，则说明 δ_i 是第 i 个水供给服务的需求量与各要素之间的灰色关联度。依照大小次序排列 m 个子序列对同一母序列的关联度，构成关联序，并获得综合评价结果。

4.2.2 伊犁河谷水供给服务需求的变化动态分析

4.2.2.1 伊犁河谷水供给服务需求的时间变化分析

由图 4 - 7 可知，总体上 2005—2020 年伊犁河谷水供给服务需求量随时间变化呈波动下降趋势，其中 2015 年需求量最高，总量为 50.094 亿米³；2020 年需求量最低，总量为 46.261 亿米³，5 年间需求量下降 3.833 亿米³，主要由于三大产业用水效率提升，降低了水资源需求量。

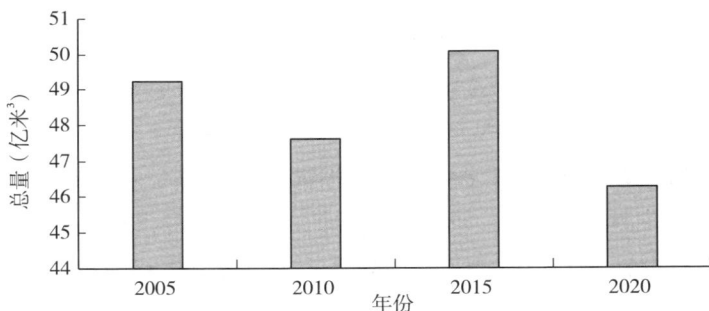

图 4 - 7 2005—2020 年伊犁河谷水供给服务的需求量

数据来源：《新疆统计年鉴》（2006—2021 年）。

由图 4 - 8 可知，从不同水供给服务的需求类型上看，2005—2020 年一产用水量与总体变化趋势一致，一产用水占用水总量比重最大，直接影响着年度用水总量。2005—2020 年二产用水量呈"先上升后下降"趋势，峰值出现在 2010 年，2020 年降至谷值，可见工业设备转型升级，在一定程度上提升了水资源利用效率。2005—2020 年三产用水量亦呈"先上升后下降"趋势，峰值出现在 2015 年，2020 年降至谷值，三产用水效率得到提升。2005—2020 年生活用水量呈逐年上升趋势，并于 2020 年达到最高值，生活用水效率有待提升。总体而言，2005—2020 年伊犁河谷地区一、二、三产的水资源利用效率获得提升，用水总量得到有效控制，但随着居民生活水平的提高，生活用水量却逐年增加，生活用水效率较低，培养居民的高效用水行为对推动区域水资源的可持续利用意义重大。

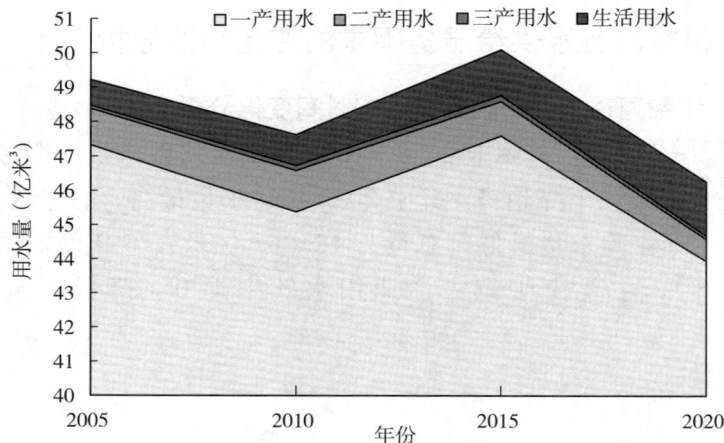

图 4-8　2005—2020 年伊犁河谷各类型水供给服务需求量变化

数据来源：《新疆统计年鉴》（2006—2021 年）。

4.2.2.2　伊犁河谷水供给服务需求的空间变化分析

由图 4-9 可知，2005—2020 年伊犁河谷各县市水供给服务需求量空间分布差异显著，尤其以伊宁县、霍城县、新源县、察县和尼勒克县的用水量相对丰富，远超特克斯县、昭苏县、巩留县、伊宁市以及霍尔果斯市。其中霍尔果斯市成立不久，统计数据仅显示 2020 年。

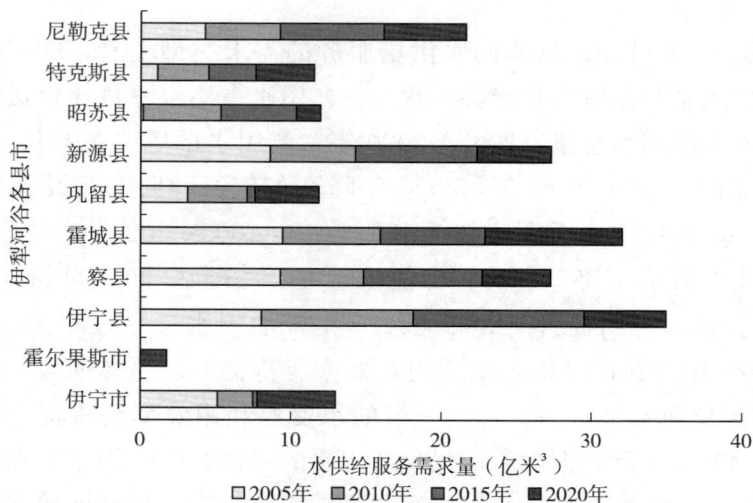

图 4-9　2005—2020 年伊犁河谷各县市水供给服务需求量分布

数据来源：《新疆统计年鉴》（2006—2021 年）。

进一步从伊犁河谷各县市水供给服务需求类型细分情况来看，如图4-10所示，整体上一产用水占比最大，二产用水占比次之，三产用水占比最小，水供给服务主要用于一产、二产以及生活用水消耗。在一产用水占比中，察县、伊宁县、特克斯县、尼勒克县等县市以农业种植为主，农田灌溉面积较大，用水量较多。在二产用水占比中，霍城县和巩留县占比相对较大；在生活用水占比中，伊宁市占比相对较大。

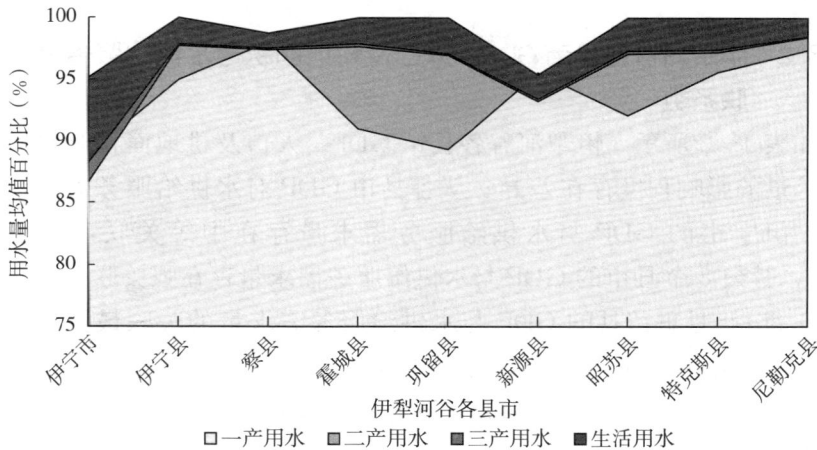

图4-10　伊犁河谷各县市一、二、三产及生活用水占比

数据来源：《新疆统计年鉴》（2006—2021年）。

4.2.3　伊犁河谷水供给服务需求的影响因素分析

4.2.3.1　伊犁河谷水供给服务需求与GDP、人口及耕地面积的总体关联度

根据公式（4-6）和公式（4-7）对水供给服务需求量与各要素的关联度进行计算。为便于表达描述，按照弱、中、强的关联程度，依序划分为弱关联度Ⅰ［0.000 0，0.350 0］、中关联度Ⅱ（0.350 0，0.700 0］、强关联度Ⅲ（0.700 0，1.000 0］。由表4-1可知，总体上看，关联度均在0.886以上，水供给服务需求量与GDP、人口及耕地面积的关联程度处于强关联水平，表明GDP、人口及耕地面积对水供给服务需求具有显著影响。

表 4－1　水供给服务需求量与 GDP、人口及耕地面积的总体关联度排名

评价项	关联度	排名
GDP	0.886	3
人口	0.907	1
耕地面积	0.904	2

数据来源：模型计算所得。

4.2.3.2　伊犁河谷各县市 GDP、人口及耕地面积与水供给服务需求量关联系数

如表 4-2 所示，伊犁河谷各县市 GDP、人口及耕地面积对水供给服务需求量的影响程度存在差异。从各县市 GDP 对水供给服务需求量的影响看，伊宁市的 GDP 与水供给服务需求量存在中等关联，关联度为 0.585；其余 8 个县市的 GDP 与水供给服务需求量存在强关联，关联度均大于 0.867，且巩留县的 GDP 与水供给服务需求量的关联最强，关联度为 1.000，由此可知，各县市的 GDP 增长主要依靠水资源的消耗实现，应加强三大产业转型升级，提升水资源利用效率，争取实现以较少水耗获得较大经济增长。

各县市人口总量与水供给服务需求量的关联系数为 0.703～0.981，存在强关联关系，人口总量直接影响生活用水量，人口总数越多，其生活用水量越多。从各县市耕地面积对水供给服务需求量的影响看，关联系数为 0.777～0.971，耕地面积与水供给服务需求存在强关联，其中昭苏县耕地面积与水供给服务需求量的关联相对较弱，主要由于昭苏县的海拔较高，属于大陆性温带山区半干旱半湿润冷凉气候类型，种植业条件欠佳，牧业发展较好。新源县耕地面积与水供给服务需求量的关联相对较强，其原因在于新源县一产发展条件优越，耕地面积较多，灌溉用水量大，对水供给服务的需求量更大。相关数据显示[313]，2021 年新源县农作物总播面积达 96.03 万亩*，粮食种植面积为 76.63 万亩、总产量达 64.52 万吨，特色高效作物种植面积 25.84 万亩。

　　＊　亩为非法定计量单位，1 亩＝1/15 公顷。——编者注

表 4 - 2　伊犁河谷各县市水供给服务需求量与 GDP、人口及耕地面积的关联系数

各县市	GDP	人口总量	耕地面积
伊宁市	0.585	0.703	0.888
伊宁县	0.837	0.949	0.881
察县	0.837	0.839	0.893
霍城县	0.931	0.902	0.941
巩留县	1.000	0.958	0.913
新源县	0.971	0.960	0.971
昭苏县	0.995	0.974	0.777
特克斯县	0.939	0.981	0.967
尼勒克县	0.880	0.898	0.904

数据来源：模型计算所得。

4.3　伊犁河谷居民水供给服务利用行为的城乡差异及其影响因素

4.3.1　居民样本基本特征

　　表 4 - 3 统计结果显示，在 789 份有效样本中，男性（53.4%）和女性（46.6%）比例基本相当。从民族分布上看汉族（45.2%）和哈萨克族（28.8%）占比较大。被访者年龄集中分布在 16～45 岁，以青年为主，占总样本 59.1%。初中及以下文化程度占总样本的 59%，受教育水平较低。年收入 100 000 元以下的家庭占总样本的 69.9%，家庭收入处于较低水平。

表 4 - 3　样本基本特征

变量	类别	样本量（份）	百分比（%）
性别	男性	421	53.4
	女性	368	46.6

（续）

变量	类别	样本量（份）	百分比（%）
民族	汉族	357	45.2
	哈萨克族	227	28.8
	维吾尔族	76	9.6
	蒙古族	29	3.7
	回族	87	11.0
	柯尔克孜族	13	1.7
年龄	16 岁以下	27	3.4
	16～45 岁	466	59.1
	46～59 岁	220	27.9
	60 岁及以上	76	9.6
受教育程度	小学及以下	197	25.0
	初中	268	34.0
	高中/中专	126	16.0
	本科或大专	187	23.7
	研究生	11	1.3
家庭年收入	50 000 元及以下	266	33.7
	50 001～100 000 元	286	36.2
	100 001～150 000 元	126	16.0
	150 001～200 000 元	51	6.5
	200 001 元及以上	60	7.6

数据来源：调研数据整理所得。

4.3.2　居民的水供给服务利用现状及行为分析

4.3.2.1　城市居民的水供给服务利用行为

　　城市居民的用水行为集中表现在废水重复利用、及时检修漏水、选购节水功能器具及满负荷使用洗衣机 4 类生活用水行为方面。如表 4 - 4 所示，城市居民对 4 类生活用水行为的实施程度相似，由"从不""较少""偶尔""经常""总是"依次呈阶梯式递减趋势。表明城市居民的水供给服务利用行为差异较小，约 50% 的城市居民尚未实施高效用水行为，未来城市居民的生活节水空间较大。

表 4－4　城市居民的水供给服务利用行为

选项	分类	频数	频率（％）
废水重复利用	从不	71	44.10
	较少	48	29.81
	偶尔	28	17.39
	经常	8	4.97
	总是	6	3.73
及时检修漏水	从不	76	47.20
	较少	43	26.71
	偶尔	26	16.15
	经常	8	4.97
	总是	8	4.97
选购节水功能器具	从不	76	47.20
	较少	40	24.85
	偶尔	29	18.01
	经常	11	6.83
	总是	5	3.11
满负荷使用洗衣机	从不	77	47.83
	较少	47	29.19
	偶尔	26	16.15
	经常	8	4.97
	总是	3	1.86

数据来源：调研数据整理所得。

4.3.2.2　农户的水供给服务利用现状及行为

（1）农户的水供给服务利用现状

如表 4－5 所示，河水是农户（91.5％）农业用水的主要来源，农业灌溉是伊犁河谷水供给服务量的主要消耗途径。57.1％的农户仍然选择使用漫灌形式的灌溉方式，节水灌溉技术普及高效节水农田建设有待推进。自来水在农村地区基本实现了全覆盖，97.1％的农户在生活中使用自来水。70.4％的农户家庭安装了水表，29.6％的农户家庭尚未安装水表，仍按家庭人口数量收取水费。随着农户生活条件的改善，仅 8.7％的农户会选择用河水洗衣服、洗拖把，较大程度上减少了河水污染。庭院蔬果浇灌主要使用自来水，其次是河水，可见自来水在农村居民家中不只用于生活饮用，也被用于浇灌庭院果蔬。

表 4-5　农户的水供给服务利用情况

选项	分类	户数（户）	频率（%）
农业用水来源	井水	12	3.2
	水库	19	5.0
	河水	346	91.5
	其他	1	0.3
农业灌溉方式	喷灌	32	8.5
	滴灌	22	5.8
	微灌	44	11.7
	渗灌	64	16.9
	漫灌	216	57.1
生活用水来源	自来水	367	97.1
	井水	11	2.9
是否安装水表	是	266	70.4
	否	111	29.6
是否在河水里洗衣服、洗拖把	是	33	8.7
	否	345	91.3
庭院里的果蔬用水来源	井水	54	14.3
	自来水	184	48.7
	河水	133	35.2
	自来水＋河水	2	0.5
	井水＋河水	5	1.3

数据来源：调研数据整理所得。

（2）农户的水供给服务利用行为

1）农户的生产用水行为。本研究主要探讨了农户的 10 种生产用水行为，每种行为均对应 5 个等级，农民根据家庭实际用水行为情况进行选择，具体包括：从不、较少、偶尔、经常、总是，赋值依次为 1、2、3、4、5 分。由图 4-11 可知，整体上农户生产用水行为均值为 3～4 分，处于中等偏上水平，说明农户有一定的节水意识，但还存在改进空间。其中增施有机肥的均值为 3.89 分，覆盖地膜的均值为 3.15 分，略低于其余项，表明农户在农业生产中多通过使用有机肥改良土壤，增强土壤的保水性，而较少使用地膜。

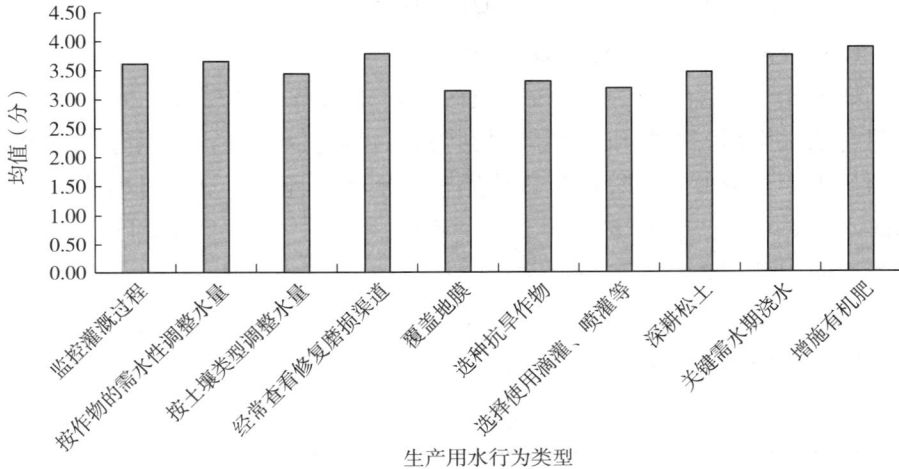

图 4-11 农户的生产用水行为

数据来源：调研数据整理所得。

2）农户的生活用水行为。本研究主要探讨了涵盖农户生活方面的 6 种用水行为。由图 4-12 可知，整体上，农户生活用水行为均值为 2~4

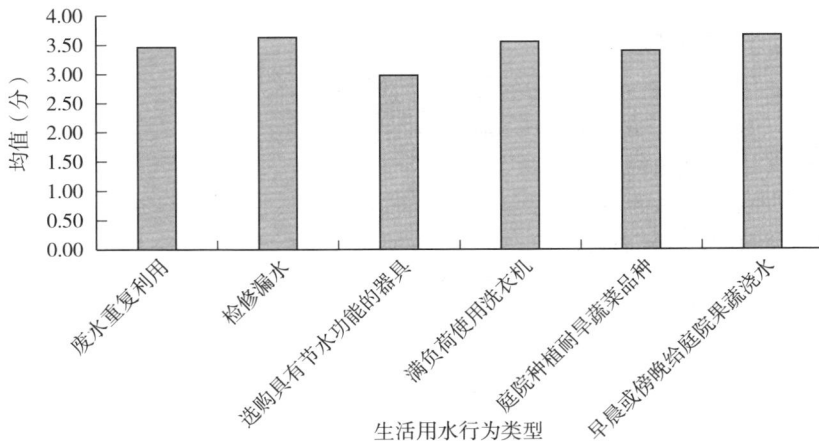

图 4-12 农户的生活用水行为

数据来源：调研数据整理所得。

分。其中在早晨或傍晚给庭院果蔬浇水方面均值为 3.66 分，居民偶尔采取这类行为；在选购节水功能器具方面均值为 2.98 分，居民很少实施该类行为。居民根据自身生活经验，具有一定节水意识，但有待进一步提升，需使高效用水行为常态化。

4.3.2.3 牧户的水供给服务利用现状及行为

（1）牧户的水供给服务利用现状

如表 4-6 所示，农村地区（牧区）自来水普及率较高，96% 的牧户使用自来水生活，农村供水保障得到强化。牲畜饮水是牧户家庭生活用水耗用的主要部分，55.6% 的牧户使用自来水喂养牲畜，夏季时多使用井水和河水喂养牲畜。牧户家庭水表安装率较高（88%），水表可以准确统计水资源使用情况，依据用水量交水费，有利于培养牧民的节水意识。仅 14% 的牧民家庭因距离河流较近，经常使用河水清洗衣物、拖把。庭院蔬果浇灌主要使用自来水（63.2%），其次是河水（26%），较少使用井水。

表 4-6　牧户的水供给服务利用情况

选项	分类	户数（户）	频率（%）
生活用水来源	井水	10	4
	自来水	240	96
牲畜饮水来源	井水	8	3.2
	自来水	139	55.6
	河水	33	13.2
	井水＋自来水	1	0.4
	自来水＋河水	69	27.6
是否安装水表	是	220	88
	否	30	12
是否用河水洗衣服、洗拖把	是	35	14
	否	215	86
庭院里的果蔬用水来源	井水	14	5.6
	自来水	158	63.2
	河水	65	26
	井水＋自来水	1	0.4
	自来水＋河水	11	4.4
	井水＋河水	1	0.4

数据来源：调研数据整理所得。

（2）牧户的水供给服务利用行为

1）牧户的生产用水行为。由表4-7可知，牧民家中常饲养的牲畜包括羊、牛、马，由于牲畜饮水器具不同，需要牧民在旁监控，以免牲畜将器具打翻。22.8%的牧户总是监控牲畜饮水，极大降低了浪费水资源的可能性。由于牲畜种类不同，体型大小不一，所处季节不同，其所需饮水量也存在差异。正常情况下，一般冬、春、秋三季牛的饮水量约是自身采食量的4倍，羊的饮水量约是自身采食量的2.5～3倍，夏季牛的饮水量能达到采食量的6～8倍，羊能达到采食量的4～5倍。牛的身体较高大且储水能力不如羊，所以牛的饮水量和采食量的比例要比羊大。87.2%牧户能够根据牲畜差异调整饮水量，利于提高水资源利用效率。

2）牧户的生活用水行为。由表4-7可知，23.6%的牧户总是重复利用废水，38.4%的牧户总是检修漏水，17.2%的牧户总是选购节水功能器具，28.8%的牧户总是满负荷使用洗衣机。可见，在牧民生活用水行为中及时检修漏水行为的普及率最高，选购节水功能器具行为普及率相对较低。庭院种植的果蔬用水也是牧民家庭耗水的主要组成部分，21.6%的居民总是选择在庭院种植耐旱蔬果，34.6%居民总是选择在早晨或傍晚浇水，居民在浇水时间点的把握上优于耐旱蔬果品种选种，应加强牧民在农业种植生产中的节水知识培训。

表4-7　牧户的生产、生活用水行为情况

分类	全程监控牲畜饮水（%）	根据牲畜个体差异调整饮水量（%）	废水重复利用（%）	检修漏水（%）	选购节水功能器具（%）	满负荷使用洗衣机（%）	在庭院种植耐旱蔬果（%）	在早晨或傍晚给庭院果蔬浇水（%）
从不	8.8	12.8	8.0	3.6	16.0	3.6	5.6	4.8
较少	8.4	12.8	6.4	5.2	12.8	11.2	11.6	6.8
偶尔	26.8	18.8	28.0	19.2	22.4	19.6	25.6	22.8
经常	33.2	37.6	34.0	33.6	31.6	36.8	35.6	34.0
总是	22.8	18.0	23.6	38.4	17.2	28.8	21.6	31.6

数据来源：调研数据整理所得。

4.3.3 居民水供给服务利用行为的影响因素分析

4.3.3.1 信效度检验与变量选择

（1）信效度检验

根据调查问卷获得的统计数据，利用 SPSS 27.0 对数据进行信度和效度检验。其中，问卷的 Cronbach's α 系数为 $0.854 > 0.7$，表明问卷的总体具有较好的信度；问卷的 KMO 值为 0.728，Bartlett 球形检验显著性为 0.000，即 p 值 < 0.05，表明调查问卷总体具有较高的效度。

（2）变量选择

被解释变量为居民的水供给服务利用行为，其中生活用水行为参考 Ananga 等[225]学者的研究成果，并结合研究区实际情况，选取及时检修漏水、选购节水功能器具、满负荷使用洗衣机和废水重复利用 4 个题项。农户生产用水行为由前文分析过的 10 个题项组成（图 4-2）。牧民生产用水行为由全程监控牲畜饮水和根据牲畜个体差异调整饮水量 2 个题项组成。将受访居民回答题项的分值加权合并加总，每个题项得分满分为 100 分，分别生成"生活用水行为""农户生产用水行为"及"牧户生产用水行为"变量，并将其作为连续变量进行分析，分值越高，表明居民生产或生活用水行为越高效。

表 4-8 变量分类及描述性统计

变量分类	变量名称	定义	均值	标准差	最大值	最小值
被解释变量	生活用水行为	加权计算分值	70.71	12.03	100	20
	农民生产用水行为	加权计算分值	70.50	15.81	100	20
	牧民生产用水行为	加权计算分值	68.80	21.17	100	20
解释变量	城乡	0＝城市，1＝乡村	0.8	0.403	1	0
	性别	0＝男性，1＝女性	0.47	0.499	1	0
	年龄	1＝16 岁以下，2＝16～45 岁，3＝46～59 岁，4＝60 岁及以上	2.44	0.713	4	1

（续）

变量分类	变量名称	定义	均值	标准差	最大值	最小值
解释变量	文化程度	小学及以下＝0， 初中＝1， 高中或中专＝2， 本科或大专＝3， 研究生＝4	1.43	1.152	4	0
	家庭年收入	1＝50 000 元及以下， 2＝50 001～100 000 元， 3＝100 001～150 000 元， 4＝150 001～200 000 元， 5＝200 001 元及以上	2.18	1.187	5	1
	家庭常住人口	依据实际人数	4.36	1.349	10	1
	淡水认知水平	1－5 李克特五级量表 1＝完全不同意， 5＝完全同意	17.66	5.659	25	5

数据来源：调研数据整理所得。

　　由表 4－8 可知，对可能影响居民生产或生活用水行为的个体特征加以控制，主要包括：①性别，在文中以二元虚拟变量的形式呈现，选择"男性"作为参照组，用于衡量男性和女性对水供给服务感知的差异，男性＝0，女性＝1；②年龄，在生活用水行为研究中作为连续变量，在生产用水行为研究中作为分类变量；③文化程度，将其设置为分类变量，以"小学及以下"作为参照组，小学及以下＝0，初中＝1，高中或中专＝2，本科或大专＝3，研究生＝4；④家庭年收入，作为连续变量；⑤家庭常住人口，作为连续变量；⑥淡水认知水平，作为连续变量，得分越高，表明居民的淡水认知水平越高；⑦城乡二分变量，包括城市和农村，仅在生活用水行为研究中纳入此变量，生产用水行为研究则不涉及。

4.3.3.2　多元线性回归模型

　　运用多元线性回归模型进行数据分析[314]，进一步揭示个体特征差异对居民用水行为的具体影响。在分析时，把所有的自变量全部纳入模型中，公式如下：

$$Yi = \beta_0 + \beta_1 X_1 + \beta_2 X_2 + \cdots + \beta_i X_i + \varepsilon \qquad (4-8)$$

式（4-8）中：Y 为被解释变量水供给服务利用行为；X 为影响居民用水行为的变量，i 表示变量的个数，β_0 为常数项；β 为解释变量的回归系数，其影响着生产或生活用水行为的得分；ε 为残差。

4.3.3.3　实证结果分析

（1）居民生活用水行为的影响因素分析

文章运用 SPSS 27.0 统计软件对伊犁河谷 789 份有效调查样本的居民生活用水行为影响因素进行多元线性回归分析。通过判断各变量的容忍度及方差膨胀因子（VIF）可知，各变量的容忍度及方差膨胀因子均符合要求，满足样本独立性要求，回归结果如表 4-9 所示。

表 4-9　居民生活用水行为影响因素的回归结果

项目	（1）全样本	（2）全样本	（3）城镇	（4）农村	（5）农民	（6）牧民
女性（男性＝0）	0.089***	0.030	0.103***	0.116**	0.108*
	0.148	0.395	0.161	0.211	0.251
年龄（连续变量）	0.076**	0.142*	0.081**	0.039	0.181***
	0.112	0.683	0.113	0.150	0.171
文化程度（小学及以下＝0）					
初中	0.018	0.04	0.014	−0.059	0.141**
	0.198	1.197	0.199	0.265	0.299
高中或中专	0.136***	0.112	0.151***	0.119**	0.205***
	0.248	1.393	0.251	0.329	0.382
本科或大专	0.258***	0.857***	0.138***	0.130**	0.152**
	0.279	1.076	0.309	0.413	0.465
研究生	0.194***	0.739***	0.101***	0.128***	—
	0.623	1.360	1.166	1.196	—
家庭年收入	0.085***	0.032	0.099***	0.108**	0.103*
	0.064	0.192	0.068	0.090	0.104
家庭常住人口	0.001	0.016	0.003	−0.025	0.025
	0.055	0.162	0.059	0.075	0.098
淡水认知水平	0.451***	−0.052	0.378***	0.387***	0.377***
	0.019	0.058	0.024	0.030	0.042

（续）

项目	(1) 全样本	(2) 全样本	(3) 城镇	(4) 农村	(5) 农民	(6) 牧民
农村（城镇＝0）	0.069*	0.117***	—	—	—	—
	0.212	0.266				
常数 CONS	13.814***	6.524***	5.375**	7.680***	8.211***	6.441***
	0.189	0.576	2.41	0.677	0.848	1.139
N 样本量	789	789	161	628	378	250
R^2	0.005	0.302	0.454	0.201	0.210	0.225

注：*** 表示 1% 水平下显著，** 表示 5% 水平下显著，* 表示 10% 水平下显著。

1）城乡变量对居民生活用水行为的影响。无论是直接测度城乡变量对居民生活用水行为的影响，还是在控制其他变量之后测度，其分析结果均显示，城乡与居民的生活用水行为具有显著的正相关关系，这表明农村居民的生活用水行为优于城市居民，农村居民在高效用水方面具有优势。基于城乡经济发展水平差异，农村居民家庭经济水平相对低于城市居民，为节省家庭支出，会及时检查并维修漏水，且农村居民家庭中常放置较大体积的水缸、水桶，较易实现对水资源的重复利用，而城市居民在废水储存方面存在难度。虽然城市居民在选购节水器具和满负荷使用洗衣机方面占优势，但整体看来，农村居民的生活用水行为略优于城市居民。

2）个体特征变量对居民生活用水行为的影响。如表4-9所示，在全样本（1）中，单独纳入城乡变量，而全样本（2）纳入了居民的个体特征和淡水认知变量。研究结果表明，城乡居民生活用水行为的差异均较为显著。且差异由原来的 0.069 上升至 0.117。这说明居民的生活用水行为除受城乡异质性的影响外，性别、年龄、文化程度、家庭年收入等个体特征以及淡水认知水平等对其也具有显著影响。

从性别来看，整体上城乡居民的性别与生活用水行为在 1% 显著水平上呈正相关关系。相对男性居民而言，女性居民采取的生活用水行为更高效，这与以往研究结果一致[315-316]。这是由于在传统家庭分工中，往往呈现出"男主外、女主内"的特点，女性在家庭中承担的家务更多，是家庭生活用水的主要使用者，其出于节省家庭开支目的，愿意节约用水。进一步细分来看，农村居民中性别对生活用水行为的影响与整体结果一致，且农村居民的性别差异 0.103 大于整体差异 0.089，可见农村地区的女性居民能采取更高效的生活用水行为，且农民生活用水行为的性别差异大于牧民。然而，城市居民的性别对生活用水行为不具有显著影响，其主要原因在于，城市女性居民和男性居民工作时间相同，在家庭生活中多表现为共同承担家务，共同消耗水资源。

从年龄来看，整体上城乡居民的年龄与生活用水行为在 5% 显著水平上呈正相关关系。年龄越大的居民越能采取高效用水行为，这与以往学者研究结果一致[217]。通常来看，年长者亲历过物资短缺的时代，具有勤俭节约的优秀品质，在日常生活中多习惯节约用水。进一步而言，城市居民和农村居民的年龄对生活用水行为的影响与整体结果一致，且城市居民的年龄差异（0.142）＞农村居民年龄差异（0.081）＞整体差异（0.076），而城市居民的年龄对生活用水行为影响的显著性水平低于农村居民，可知农村居民的年长者采取了更高效的用水行为。进一步研究发现，牧民生活用水行为的年龄差异大于整体差异，即越年长的牧民越会采取高效用水行为，其对传统哈萨克族生态禁忌认知较深刻，而更加珍惜水资源。对农民而言，年龄差异对生活用水行为的影响不显著。

从文化程度来看，整体上城乡居民"高中或中专及以上"的文化程度与生活用水行为在 1% 显著水平上呈正相关关系，文化程度越高的居民其生活用水行为越高效。具体分析来看：①初中学历仅对牧民生活用水行为的影响显著，由于牧民的受教育水平相对较低，普遍为小学文化程度，因此对牧民而言，具有初中文化水平比小学及以下文化水平能实施更高效的用水行为。②高中或中专学历对农村居民生活用水行为具有显著影响，且对牧民生活用水行为的影响大于农民，其主要原因在于农村居民的文化程度总体上低于城市居民，高中或中专学历在农村地区尤其是对牧民来说已经是较高学历，因此对农村居民特别是对牧民生活用水行为的影响更显著。③本科或大专及研究生学历亦对生活用水行为具有显著正向影响，且对城市居民的影响大于农村居民，牧民群体中无研究生学历的居民。可见，文化程度越高的居民，其社会责任感越多，越会付之行动节约利用水资源。

从家庭年收入水平来看，整体上城乡居民家庭年收入水平与生活用水行为在 1％显著水平上呈正相关关系。家庭年收入水平越高的居民其生活用水行为也越高效，其原因在于，较高收入的家庭具有购买节水型器具的经济优势条件。进一步分析显示，家庭年收入对农村居民生活用水行为的影响比对城市居民影响显著，对农民的影响比对牧民的影响显著。由此可知，家庭收入水平是影响农村居民特别是影响农民生活用水行为的一项重要因素。从目前经济发展水平来看，城市地区发展优于农村地区，按照马斯洛需求层次理论，只有居民的物质需求获得满足时，才会追求精神需求，才能考虑到用水器具的节水功能。

从淡水认知水平来看，整体上城乡居民的淡水认知水平与生活用水行为在 1％显著水平上呈正相关关系。淡水认知水平越高的居民其高效用水行为水平越高，这与以往研究结果一致[232][234]。进一步分析发现，农村居民的淡水认知水平对生活用水行为的影响与整体结果一致，且农民的淡水认知水平差异大于牧民，而城市居民的淡水认知水平对生活用水行为的影响不具有显著性。可见，农村居民的淡水认知水平对生活用水行为具有重要的促进作用，可通过继续提升农村居民的淡水认知水平来强化其高效用水行为。对城市居民而言，较高的淡水认知水平尚未对实施高效生活用水行为产生明显作用，反而表现出强烈的"知易行难"特点，提升城市居民的高效用水行为应采取其他措施。

从家庭常住人口来看，无论从整体，还是分城乡，或是细分农村居民身份来考察，家庭常住人口数量对居民生活用水行为的影响在统计上均不显著，其主要原因在于虽然大多数农村居民家中安装了水表，但水费缴纳还是按人数收取，不管生活中节水行为的实施程度，水费不会发生改变，因此，家庭人口数量对居民生活用水行为不产生显著影响。

（2）居民生产用水行为的影响因素分析

运用 SPSS 27.0 统计软件分别对 378 份农户调查样本和 250 份牧户调查样本的生产用水行为影响因素进行多元线性回归分析。各变量的容忍度及方差膨胀因子（VIF）均符合要求，满足样本独立性要求。回归结果如表 4-10 和表 4-11 所示。

1）农民生产用水行为的影响因素分析。由表 4-10 可知，年龄、家庭年收入和淡水认知水平对农民生产用水行为均具有显著影响，而性别、文化程度和家庭人口数的影响则不显著。其中，年龄段 16～45 岁与农民生产用水行为在 5% 显著水平上呈正相关关系，表明该年龄段的受访农户的年龄越大，其生产用水行为得分越高，主要由于该年龄段的农民正值青年时期，与中、老年农民相比，其学习新政策和新技术的能力更强，有更多精力投入到科学农业生产中。家庭年收入与农民生产用水行为在 1% 显著水平上呈正相关关系，表明家庭年收入水平越高的农户，其生产用水行为得分越高，高效生产用水行为的实现需要资金投入，例如滴灌、覆盖地膜、增施有机肥等需要花费资金购买滴灌带、地膜和有机肥料。淡水认知水平与农民生产用水行为在 1% 显著水平上呈正相关关系，表明受访农民的淡水认知水平越高，其生产用水行为得分越高，主要原因在于淡水认知水平越高的农民其越能意识到水资源的重要性和紧缺性，并将意识外化于行动，在农业生产过程中更加注重节约利用水资源。

表 4-10　农民生产用水行为影响因素的回归结果

模型	未标准化系数		标准化系数 Beta	t
	B	标准错误		
（常量）	31.125	7.130		4.365
16～45 岁	10.842**	4.559	0.343	2.378
46～59 岁	7.513	4.701	0.223	1.598
60 岁及以上	1.653	4.962	0.035	0.333
性别	−0.410	1.528	−0.013	−0.268
初中	1.457	1.922	0.045	0.758
高中或中专	−2.092	2.388	−0.052	−0.876
本科或大专	−2.189	3.026	−0.042	−0.724
研究生	−12.971	8.675	−0.073	−1.495
家庭年收入	2.642***	0.652	0.205	4.051
家庭常住人口	0.182	0.544	0.017	0.334
淡水认知水平	0.311***	0.055	0.279	5.697

数据来源：模型计算所得。

注：*** 表示 1% 水平下显著，** 表示 5% 水平下显著。

2）牧民生产用水行为的影响因素分析。由表 4 - 11 可知，性别、家庭年收入和淡水认知水平对牧民生产用水行为具有显著影响，而年龄、文化程度和家庭人口数则对牧民生产用水行为无显著影响。其中，性别与牧民生产用水行为在 5% 显著水平上呈负相关关系，男性牧民的生产用水行为得分高于女性牧民，主要由于在牧业生产中男性牧民是家庭主要从事牧业生产的劳动力，其在牲畜饮水方面的经验比主要从事家庭事务的女性牧民更丰富。家庭年收入与牧民生产用水行为在 1% 显著水平上呈正相关关系，牧户家庭年收入水平越高，其生产用水行为得分越高。其主要原因在于，家庭年收入较高的牧民其牲畜种类和数量较多，便越注意根据牲畜个体差异调整饮水量。淡水认知水平与牧民生产用水行为在 1% 显著水平上呈正相关关系，牧民的淡水认知水平越高，其生产用水行为得分越高。主要原因在于，淡水认知水平越高的牧民，越了解水资源困境，节约用水意识就越强，便更可能在牧业生产中做到珍惜用水。

表 4 - 11　牧民生产用水行为影响因素的回归结果

模型	未标准化系数		标准化系数 Beta	t	显著性
	B	标准错误			
（常量）	47.797***	10.100		4.732	0.000
16～45 岁	−1.603	4.651	−0.048	−0.345	0.731
46～59 岁	−3.664	4.684	−0.103	−0.782	0.435
60 岁及以上	−1.547	5.434	−0.028	−0.285	0.776
性别	−4.327**	2.112	−0.129	−2.049	0.042
初中	0.459	2.631	0.014	0.175	0.862
高中或中专	−4.513	3.314	−0.103	−1.362	0.175
本科或大专	−5.271	4.129	−0.093	−1.277	0.203
家庭年收入	2.934***	0.881	0.212	3.332	0.001
家庭常住人口	0.328	0.838	0.025	0.392	0.695
淡水认知水平	0.306***	0.089	0.214	3.429	0.001

　　数据来源：模型计算所得。

　　注：*** 表示 1% 水平下显著，** 表示 5% 水平下显著。

通过以上对居民生活用水和生产用水行为的影响因素分析可知，居民水供给服务利用行为受到个体人口特征以及淡水认知水平等因素的正向或负向的影响。从生活用水行为的影响因素来看：①城乡结构因素对居民生活用水行为得分存在显著负向影响，农村居民的生活用水行为得分略优于城市居民，农村居民在高效用水方面具有优势；②居民生活用水行为的城乡差异因个体人口特征以及淡水认知水平等因素而有所不同，且呈现出差异缩小的状态。其中，性别、年龄、文化程度、家庭收入水平以及淡水认知水平等因素显著影响城乡居民生活用水行为。而家庭常住人口对居民生活用水行为的影响并不显著。从生产用水行为的影响因素来看：①家庭年收入和淡水认知水平对农民和牧民的生产用水行为均产生显著正向影响；②16～45岁年龄段对农民生产用水行为产生显著正向影响，对牧民生产用水行为不产生影响；③性别对牧民生产用水行为产生显著负向影响，而对农民生产用水行为的影响不显著。

4.4 伊犁河谷水供给服务供需特征综合分析

依据第3章和第4章研究结论并结合调研实际情况判断，伊犁河谷水供给服务的供需匹配存在时空不均衡性。水供给服务供给的时空差异特征明显，时间上看，受降水、气温、蒸散等自然因素的影响，不同年份水供给服务的供给量差异较大，并且具有明显的季节性差异，夏季山区冰雪消融，高地势区域向低地势区域流动，水供给服务的流量丰富。空间上看，不同县市在同一季节的水供给服务的供给量差异较大，拥有未利用地、林地和草地面积较多的县市，其水供给服务供给量相对较多，例如与伊宁市相比，昭苏县的林草地面积更多、气温更低，且降水量更丰富。

伊犁河谷各县市水供给服务的需求量在不同人口分布区域、产业类型和城乡之间存在显著差异特征。人口密度高的县市生活用水量较多，城市居民较农村居民的生活用水量更高；不同产业之间的用水量差异较大，其中第一产业的耗水量最多，第二、三产业次之，以种植业为主的各县生产用水量较高。农牧区居民的总体用水量较城市居民更高，因为大多农牧民使用自来水浇灌庭院果蔬和喂养牲畜。

受自然因素影响，水供给服务的供给量在不同年份、不同县市具有不确定性，部分县市的水供给服务供给具有天然优势，另一部分县市则缺乏天然的产水优势。当供给量较少年份与需求量较多年份重合时，局部将出现水供给服务供需失衡状况。供给量较高的县市与需求量较高的县市不相对应，在海拔较高、气温较低的区域，水供给服务供给量较多，多位于人口密度较小的草原畜牧区域，对水供给服务的需求量相对较低。结合现实中伊犁河谷各县市以经济发展水平的分布和水供给服务供给能力的分布态势不相重合的情况，判断出水供给服务的供需关系可能存在不平衡和不匹配的明显特征。因此，将继续在后文利用应用耦合协调模型、水资源安全指数模型（FSI）、供需匹配模型进一步衡量水供给服务的供需关系，并基于供需关系揭示水供给服务的空间流动规律以及利用系统动力学模型开展水供给服务的配置模拟与调控。

4.5　本章小结

本章在了解水供给服务需求现状的基础上，利用宏观数据计算了水供给服务的需求量，分析了其时空变化特征及其影响因素；并基于研究区789 份微观调研数据，分析了城乡居民的水供给服务利用行为的差异，并分别讨论了城乡居民生活和农牧民生产用水行为的影响因素，主要结论如下：

1）2005—2020 年伊犁河谷地区人口数量呈"先升后降"趋势，其中2005—2015 年呈不断上升趋势，2015—2020 年呈下降趋势。伊宁市、伊宁县、霍城县和新源县人口相对较多，年均人口在 30 万人以上。2005—2020 年 GDP 增长率为 644.89％，增长速度极快。各县市产业发展态势良好，对水供给服务需求量也将增加。其中，伊宁市和霍尔果斯市以第二、三产业为主，其余县市以第一产业为主。

2）2005—2020 年伊犁河谷水供给服务需求随时间变化呈波动下降趋势，其中 2015 年的需求量最高，为 50.094 亿米³；2020 年的需求量最低，为 46.261 亿米³，三大产业用水效率的提升降低了水供给服务需求量。第一产业用水量与总体变化趋势一致，一产用水占用水总量比重最大。伊宁县、霍城县、新源县、察县、尼勒克县的用水量相对丰富，远超其他县市，水供给服务主要用于一产、二产以及生活用水消耗。GDP、人口及耕地面积与水供给服务需求量的总体关联度均在 0.886 以上，处于强关联水平，其变动对水供给服务需求量具有显著影响。

3）城市居民对 4 类生活用水行为的实施程度相似，水供给服务利用行为差异较小，近 50％的城市居民尚未实施高效生活用水行为，未来城市居民生活节水空间较大。农户生产用水行为均值为 3～4 分，生活用水行为均值为 2～4 分，农户在生产中的用水行为相对更高效。牧户生产和生活用水行为的均值为 3～4 分，处于中等偏上水平，牧户在生产和生活中的高效用水程度一致。总体上来看，城乡居民在生产和生活中具有一定节水意识，但还需要在政策的引导下进一步提升，使其高效用水行为趋于常态化。

4）居民水供给服务利用行为受到来自不同因素的正向或负向的影响。其中城乡结构因素对居民生活用水行为存在显著的负向影响，农村居民的生活用水行为略优于城市居民。居民生活用水行为的城乡差异因个体人口特征以及淡水认知水平等因素而有所不同，且呈现出差异缩小的状态。在生产用水行为的影响因素方面，家庭年收入和淡水认知水平对农牧民的生产用水行为均产生显著正向影响；16～45 岁年龄段对农民生产用水行为产生显著正向影响，对牧民生产用水行为不产生影响；性别对牧民生产用水行为产生显著负向影响，对农民生产用水行为不产生影响。

第5章 CHAPTER 5

伊犁河谷水供给服务的
"供—需"关系分析

　　生态系统水供给能力减弱、水资源低效利用等问题的产生并非供给侧或需求侧的"一己之力"，而是"供—需"双方共同作用的结果。前文第3章和第4章分别基于县域尺度对水供给服务的供给和需求进行了调查与分析，揭示了水供给服务的供给和需求的时空异质性。本章基于供需理论，在构建水供给服务供给和需求系统的基础上，利用水供给服务的供给量和需求量的计算结果，运用耦合协调模型、水资源安全指数模型、供需匹配模型等方法，从耦合、平衡、匹配三个方面刻画伊犁河谷水供给服务的供需关系，揭示水供给服务空间流动的成因。

5.1　数据来源与处理

　　伊犁河谷各县市水供给服务的供给数据来源于第3章水供给服务供给量（产水服务）计算所得，水供给服务的需求数据来源于第4章水供给服务的需求量计算所得。数据来源于《伊犁哈萨克自治州统计年鉴》（2006—2021年）和《新疆统计年鉴》（2006—2021年）以及2020年《新疆维吾尔自治区统计公报》。

　　水供给服务的供给系统由产水服务构成，水供给服务需求系统由生产和生活用水指标构成。其中，霍尔果斯市统计数据始于2018年，2005—2015年水供给服务需求数据尚未被年鉴统计，因此只计算霍尔果斯市2020年的供需耦合程度和水资源安全指数。

5.2 水供给服务"供—需"关系作用机理与模型构建

5.2.1 水供给服务"供—需"关系作用机理

如图5-1所示，水供给服务的供给和需求分别源于自然生态系统提供的服务与社会经济系统产生的需求，两者原本分属不同系统，而系统耦合协调则指一个有机整体，包含水供给服务供给和水供给服务需求两大要素。其中水供给服务的供给即产水服务由降水、植被可利用水、土壤可利用水及蒸散发等指标构成；水供给服务需求由一产用水、二产用水、三产用水以及生活用水等主要指标构成。因此，在水供给服务的"供—需"耦合系统中，来自社会经济发展所需的生产用水和生活用水能有效促进水供给服务供给，并且人类社会通过合理分配流量，调整用水结构，协调区域差异等手段，能够增加水供给服务流量，提升水供给服务的可持续性，从而保障流域生态安全[317]。自然生态系统是水供给服务的载体，作为社会经济系统正常运转的基础，水供给服务供给支持并制约着水供给服务需求，其中水供给服务的供给量在一定程度上决定着水供给服务需求水平，进而制约社会经济发展。只有当水供给服务"供—需"关系达到耦合协调、平衡及匹配的状态，水供给服务的"供—需"系统才会实现良性的可持续运作，进而协调好自然环境与人类福祉的关系[298]。

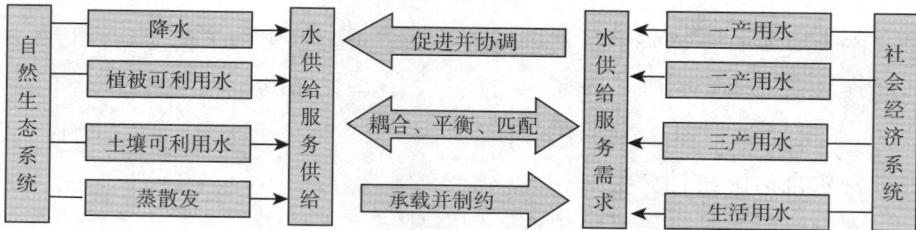

图5-1 水供给服务的"供—需"关系作用机理

5.2.2 模型构建

5.2.2.1 综合发展水平评价模型

水供给服务供给系统和需求系统的综合发展水平评价采用线性加权法

进行测算，计算公式如下：

$$u_i = \sum_{j=1}^{m} \lambda_{ij} u_{ij}, \sum_{j=1}^{m} \lambda_{ij} = 1 \qquad (5-1)$$

式（5-1）中：u_i 为第 i 个系统的综合评价指数值；u_{ij} 是功效系数，表示了 i 系统中的第 j 项指标对系统的贡献程度；λ_{ij} 为系统内每个指标的权重，表示 i 系统中的第 j 项指标的权重。为保证客观性，采用熵值赋权法计算权重，计算公式如下：

$$指标比重：p_{ij} = \frac{u_{ij}}{\sum u_{ij}} \qquad (5-2)$$

$$指标熵值：e_j = -\frac{1}{\ln(n)} \sum p_{ij} \ln(p_{ij}) \qquad (5-3)$$

$$指标差异性系数：g_j = 1 - e_j \qquad (5-4)$$

$$指标权重：\lambda_j = \frac{g_j}{\sum g_j}, 且 \lambda_1 + \lambda_2 + \cdots + \lambda_j = 1 \qquad (5-5)$$

5.2.2.2　耦合协调模型

在参考已有计算公式的基础上[318]，根据物理学中的容量耦合原理和容量耦合系数模型，提出了水供给服务的供需互动耦合模型，计算公式如下：

$$C = \sqrt{\frac{u_1 \times u_2}{(u_1 + u_2)^2}} \qquad (5-6)$$

式（5-6）中：C 为两个系统的耦合度，$C \in [0, 1]$；u_1 为水供给服务的供给，u_2 为水供给服务的需求；当协调程度越接近于 1 时，耦合性越好，当协调程度越接近于 0 时，耦合性越差。为进一步分析水供给服务的供需协调发展情况与综合效益水平，引入了耦合协调模型，计算公式如下：

$$D = \sqrt{C \times T} \qquad (5-7)$$

$$T = au_1 + bu_2 \qquad (5-8)$$

式（5-7）中：D 为耦合协调程度，C 是耦合度，T 是水供给服务"供一需"的综合效益；式（5-8）中：a、b 为待定系数，由于水供给服务的供给和需求对于区域可持续发展具有同等影响，因此 a、b 取值均为 0.5。为了解释两个系统的耦合协调水平，对耦合协调度进行了分级，见

表 5-1。

表 5-1 耦合协调等级划分标准[318]

协调度区间	协调等级	协调度区间	协调等级
0.00~0.09	极度失调	0.50~0.59	勉强失调
0.10~0.19	严重失调	0.60~0.69	初级失调
0.20~0.29	中度失调	0.70~0.79	中级失调
0.30~0.39	轻度失调	0.80~0.89	良好失调
0.40~0.49	濒临失调	0.90~1.00	优质失调

5.2.2.3 水资源安全指数模型

供需比是衡量一个地区生态系统服务的供需平衡状况的重要指标，由于水供给服务在不同区域的巨大差异性，本研究采用水资源安全指数（Freshwater Security Index，FSI）[195]来刻画伊犁河谷水供给服务的"供—需"平衡关系，即对供需比求常用对数，增加供需矛盾差异在空间上的可视性与比较性，以揭示 2005—2020 年伊犁河谷水供给服务的盈余或赤字情况。参考 Li 等[319]学者的研究，计算公式如下：

$$FSI_i = \lg\left(\frac{S_i}{D_i}\right) \qquad (5-9)$$

式（5-9）中：i 代表河谷内的县/市，S_i 表示第 i 号县/市水供给服务的供给量，D_i 表示第 i 号县/市的水供给服务的需求量。当 $FSI>0$ 时，则代表供给大于需求，水供给服务盈余；当 $FSI<0$ 时，则代表供不应求，水供给服务短缺；当 $FSI=0$ 时，则代表供给等于需求，水供给服务供需平衡。在借鉴陈登帅等[195]学者把水资源安全指数划分为 4 类的基础上，本研究将供需比阈值划分为 7 类，以更加清晰量化水供给服务的供需平衡状况（表 5-2）。

表 5-2 水资源安全指数分级标准[195]

分类等级	高赤字	较高赤字	一般赤字	平衡	一般盈余	较高盈余	高盈余
供需比	（−3，−2）	（−2，−1）	（−1，0）	0	（0，1）	（1，2）	（2，3）

5.2.2.4 生态系统服务供需匹配模型

应用 Z-score 标准化方法探究水供给服务"供—需"空间分异特征[320]。根据标准化结果划分象限，进行供需匹配，以 x 轴表示标准化后的水供给服务供给量，以 y 轴表示标准化后的水供给服务需求量，划分出四个象限：第一象限——高供给高需求；第二象限——低供给高需求；第三象限——低供给低需求；第四象限——高供给低需求。计算公式如下：

$$x = \frac{x_i - \bar{x}}{s} \tag{5-10}$$

$$\bar{x} = \frac{1}{n}\sum_{i=1}^{n} x_i \tag{5-11}$$

$$s = \sqrt{\frac{1}{n}\sum_{i=1}^{n}(x_i - \bar{x})} \tag{5-12}$$

式（5-10）至式（5-12）中：x 为标准化后的水供给服务的供给量和需求量，x_i 为第 i 个县/市水供给服务的供给量和需求量，$\bar{x}$ 为全流域平均值，s 为全流域标准差，n 为评价县/市的个数。

5.3 伊犁河谷水供给服务"供—需"耦合关系的时空特征

5.3.1 伊犁河谷水供给服务"供—需"耦合协调的时间特征

基于公式（5-1）至公式（5-8）计算 2005—2020 年伊犁河谷水供给服务"供—需"系统的耦合协调度和两个子系统的综合评价指数。如图 5-2 所示，2005—2020 年伊犁河谷水供给服务"供—需"耦合协调性逐渐减弱，2010 年供给指数大于需求指数，2015 年供给指数等于需求指数，其余年份供给指数均显著滞后于需求指数。

1）从总体上看，水供给服务"供—需"耦合协调度呈"先上升后下降"趋势，需求指数平缓波动下降，供给指数与耦合协调度指数走势相似。2005—2010 年水供给服务的供给指数处于增长阶段，2010—2020 年供给指数则处于"断崖式"下降阶段。三项指数在变化趋势上呈现：耦合协调度指数>供给指数>需求指数。

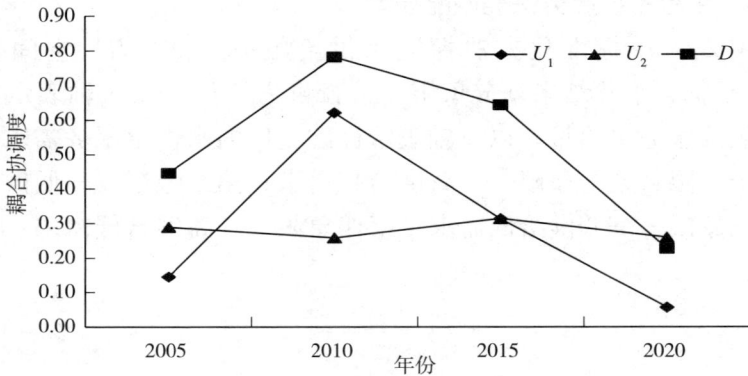

图 5-2　2005—2020 年伊犁河谷水供给服务"供—需"耦合协调的演变趋势

注：U_1 为供给指数，U_2 为需求指数，D 为耦合协调度指数。

2）从数值演变来看，三项指数的增减幅度存在差距。2005—2020 年水供给服务的需求指数从 0.29 下降到 0.26，需求下降了 0.03，需求负增长率为 0.19%，表明随着节水设备的引进和节水技术应用，水资源利用效率提升，水资源需求量得到有效控制。2005—2020 年水供给服务的供给指数从 0.15 下降到 0.06，供给下降了 0.09，供给负增长率为 0.56%，可知伊犁河谷生态系统功能下降，水供给服务流量减少。耦合协调度从 0.45 下降到 0.23，降了 0.22，表明近年来伊犁河谷水供给服务的供需系统耦合协调情况呈波动下降发展趋势，而耦合协调度的下降主要是由水供给服务供给指数波动下降产生的结果。

3）从发展阶段来看，耦合协调呈现出失调状态，且向协调状态发展较为艰难，演化路径为：濒临失调→中级协调→初级协调→中度失调。2010 年伊犁河谷水供给服务的供需系统耦合协调度为 0.78，由濒临失调型发展为中级协调型；2015 年耦合协调度为 0.64，由中级协调发展为初级协调型；2020 年耦合协调度为 0.23，由初级协调转为中度失调型。从子系统角度分析二者协调特点：2005 年、2015 年和 2020 年表现为水供给服务供给滞后型，2010 年表现为水供给服务需求滞后型。

5.3.2　伊犁河谷水供给服务"供—需"耦合协调的空间特征

如图 5-3 所示，从总体数量上看，2005—2020 年伊犁河谷 8 县 2 市耦合协调状况不稳定，各县市逐步走向失调状态，且向更低失调类型发展的县、市增多。2005—2020 年，伊犁河谷 10 个县市中出现了 9 种耦合协调类型。2020 年，各县市均处于失调状态，其中严重失调的县市有 3 个，包括察县、伊宁县和新源县；中度失调的县市有 2 个，分别为昭苏县和尼勒克县；轻度失调的县市有 5 个，具体包括霍尔果斯市、伊宁市、霍城县、巩留县和特克斯县。

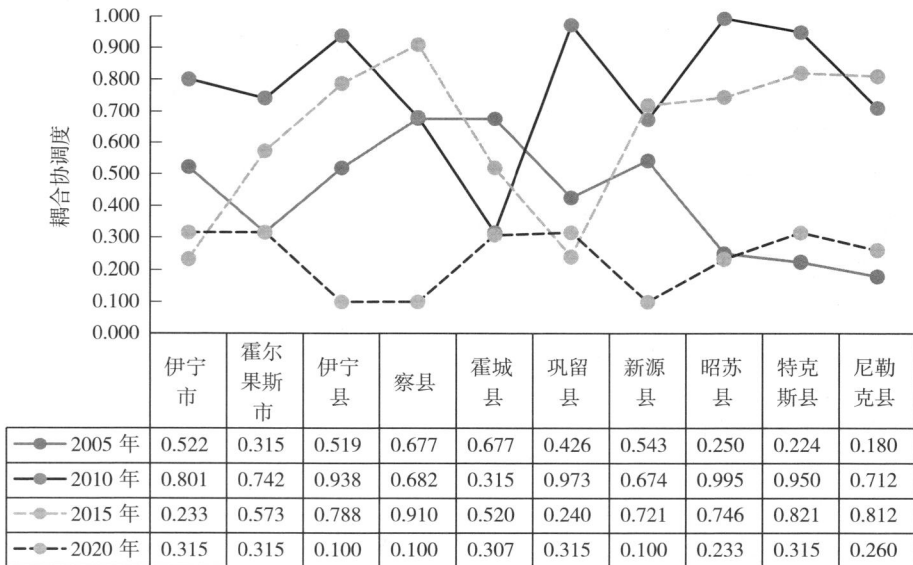

	伊宁市	霍尔果斯市	伊宁县	察县	霍城县	巩留县	新源县	昭苏县	特克斯县	尼勒克县
2005 年	0.522	0.315	0.519	0.677	0.677	0.426	0.543	0.250	0.224	0.180
2010 年	0.801	0.742	0.938	0.682	0.315	0.973	0.674	0.995	0.950	0.712
2015 年	0.233	0.573	0.788	0.910	0.520	0.240	0.721	0.746	0.821	0.812
2020 年	0.315	0.315	0.100	0.100	0.307	0.315	0.100	0.233	0.315	0.260

图 5-3　2005—2020 年伊犁河谷各县市的水供给服务"供—需"耦合协调度

从阶段变化来看，协调类型均呈现出"失调→协调→失调"的"非同向"变化特征。伊犁河谷各县市的耦合协调状况均处于不稳定的变化状态，虽有县市达到优质协调，但又出现回落，水供给服务供需系统耦合协调存在较大提升空间。

从空间分布上看，耦合协调类型呈现出"上游强于中游"，西南部高于东北部的空间特征。在伊犁河流域上游，西南以特克斯河为中心，辐射周边县，形成了昭苏县和特克斯县勉强协调的集聚特征；东部以巩乃斯河为中心，形成了新源县的勉强协调特征；东北以喀什河为依托，形成了尼勒克县濒临失调的特征。在伊犁河流域中游，西部以伊犁河主干流为依托，形成了察县的勉强协调特征；中、西北部以伊犁河主干流为依托，形成了伊宁市、霍尔果斯市和霍城县的濒临失调的集聚特征。

5.4 伊犁河谷水供给服务"供—需"平衡关系的时空特征

5.4.1 伊犁河谷水供给服务"供—需"平衡的时间特征

基于水资源安全指数（FSI）计算结果，得到伊犁河谷水供给服务的"供—需"平衡状况。由图5-4可知，2005—2020年伊犁河谷水资源安全指数总体上呈现"先上升后下降"趋势，其中2005—2010年水资源安全指数处于上升状态；2015—2020年水资源安全指数处于下降状态，并在2020年到达最低值。2005年、2015年、2020年的水资源安全指数均小于0，供不应求，供需平衡关系处于赤字状态，表现为水供给服务短缺。2010年水资源安全指数大于0，供大于求，供需平衡关系处于盈余状态，表现为水供给服务盈余。

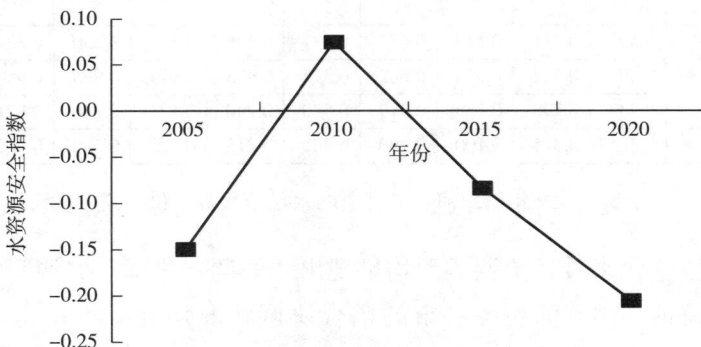

图5-4 2005—2020年伊犁河谷水供给服务"供—需"平衡关系的演变趋势

从阶段变化来看，供需平衡整体上呈现出赤字状态，且向更高赤字水平转变，演化路径为：一般赤字→一般盈余→一般赤字→更高赤字。2005

年伊犁河谷水资源安全指数为－0.15，2010 年水资源安全指数为 0.07，由一般赤字转为一般盈余；2015 年水资源安全指数为－0.08，由一般盈余转变为一般赤字；2020 年水资源安全指数为－0.21，由一般赤字向更高赤字水平转变。可知在供给不足和需求增加的双重作用下，伊犁河谷水供给服务整体处于短缺状态。

5.4.2 伊犁河谷水供给服务"供—需"平衡的空间特征

如图 5-5 所示，结合表 5-2 水资源安全指数分级标准，从不同县市看，2005—2020 年伊宁市、伊宁县、霍城县、察县以及新源县的水供给服务供需平衡关系始终处于赤字状态，尼勒克县、特克斯县、昭苏县和霍尔果斯市（2020 年）的水供给服务供需平衡关系始终处于盈余状态。2015 年巩留县水供给服务供需平衡关系处于盈余状态，其余年份为赤字状态。

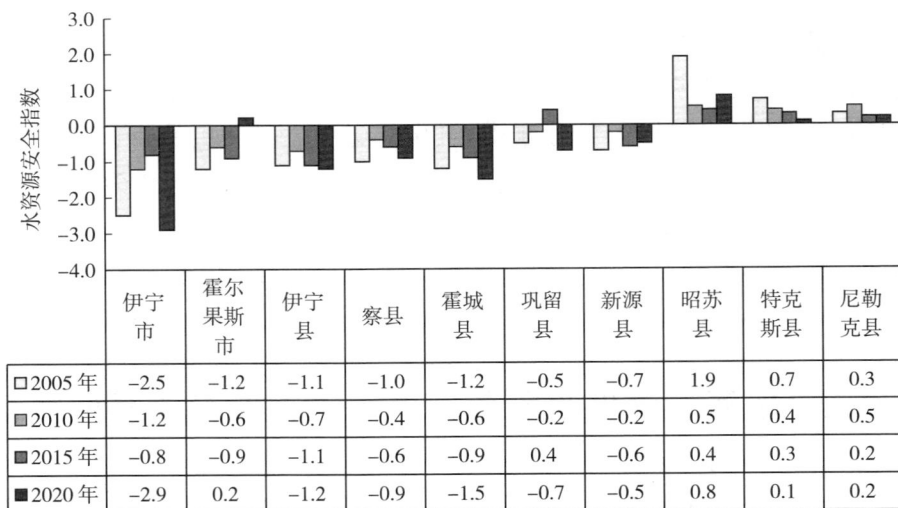

	伊宁市	霍尔果斯市	伊宁县	察县	霍城县	巩留县	新源县	昭苏县	特克斯县	尼勒克县
□2005 年	-2.5	-1.2	-1.1	-1.0	-1.2	-0.5	-0.7	1.9	0.7	0.3
▨2010 年	-1.2	-0.6	-0.7	-0.4	-0.6	-0.2	-0.2	0.5	0.4	0.5
▤2015 年	-0.8	-0.9	-1.1	-0.6	-0.9	0.4	-0.6	0.4	0.3	0.2
■2020 年	-2.9	0.2	-1.2	-0.9	-1.5	-0.7	-0.5	0.8	0.1	0.2

图 5-5 2005—2020 年伊犁河谷地区各县市水资源安全指数

注：霍尔果斯市统计数据始于 2018 年，2005—2015 年水供给服务需求数据尚未被年鉴统计。

伊犁河谷各县市水供给服务供需平衡关系的"盈余"或"赤字"程度随时间变化而发生改变。其中，2005—2020 年伊宁市水供给服务"供—需"平衡关系经历了由"高赤字→较高赤字→一般赤字→高赤字"的变化过程，该市水供给服务供给难以满足需求，在各县市中水供给服务短缺最为严重。其中 2005—2015 年，水供给服务供需失衡状态出现好转，但 2020 年供需失衡明显加剧，回到 2005 年高赤字水平。主要原因在于，伊宁市城市人口数量越来越多，人口密度为 1 119 人/千米^2，生活用水需求量相对较高；随着城市系统各项设施逐渐完善，道路硬化率提高，城市生态系统的水资源供给能力变弱。

伊宁县水供给服务"供—需"平衡关系变化：较高赤字→一般赤字→较高赤字→较高赤字；霍城县水供给服务"供—需"平衡变化：较高赤字→一般赤字→一般赤字→较高赤字。察县水供给服务"供—需"关系平衡变化：较高赤字→一般赤字→一般赤字→一般赤字，呈现好转趋势。主要原因在于，伊宁县和察县作为伊犁河谷的主要农作物产地，农作物总播种面积分别为 9.18 万公顷和 8.498 万公顷，居第一、二位，农业灌溉用水量相对其他县市较大。察县和霍城县均位于伊犁河中游位置，距离三大主支源头较远，水供给服务供给量相对较少。新源县水供给服务的供需平衡状态最为稳定，2005—2020 年均表现为"一般赤字"水平。

昭苏县、尼勒克县和特克斯县的水供给服务供需平衡关系处于一般盈余状态，FSI 指数均大于 0，小于 1。其中 2005 年昭苏县更是处于较高盈余状态，主要原因在于，这三个县市地处伊犁河上游，水资源较为丰富。巩留县水供给服务"供—需"平衡关系变化：一般赤字→一般赤字→一般盈余→一般赤字，该县在 2015 年由"供不应求"转变为"供大于求"，水资源开始略有盈余，与昭苏县、特克斯县、尼勒克县共同处于一般盈余状态。

5.5 伊犁河谷水供给服务"供—需"匹配关系的特征

如图 5-6 所示，基于 Z-score 标准后的水供给服务供给和需求的象限图分析显示，在 2005—2020 年伊犁河谷水供给服务的"供—需"匹配关系中，存在 4 种供需匹配类型，各县市主要分布在"低供给—高需求""低供给—低需求"和"高供给—低需求"三个象限内，而分布在"高供给—高需求"象限内的县市较少。

尼勒克县（2005 年和 2010 年）、昭苏县、特克斯县因地处流域上游的西南部和东部山林草原区，又是喀什河、巩乃斯河和特克斯河三大支流流经的区域，属于"高供给—低需求"匹配类型，各县动植物资源较为丰富，水供给服务供给水平较其他县市略高，且以发展草原畜牧业和旅游业为主，这些产业对水资源的需求量相对较少，因而属于低需求类型。

2005—2020 年伊宁县、察县、霍城县和新源县属于"低供给—高需求"匹配类型，因位于流域中游，水供给服务供给量相对较低，且以农田种植业为主，灌溉用水量相对较高。2005—2015 年伊宁市和巩留县属于"低供给—低需求"匹配类型，位于流域中游，水供给服务供给量较少，又以发展第二、三产业为主，水供给服务需求量相对较低。2020 年伊宁市属于"低供给—高需求"匹配类型，随着经济发展、人口增长，水资源需求量增加，转变为"高需求"类型。2015 年和 2020 年尼勒克县属于"高供给—高需求"匹配类型，近些年尼勒克产业发展对水供给服务的需求量逐渐加大，转变为"高需求"类型。

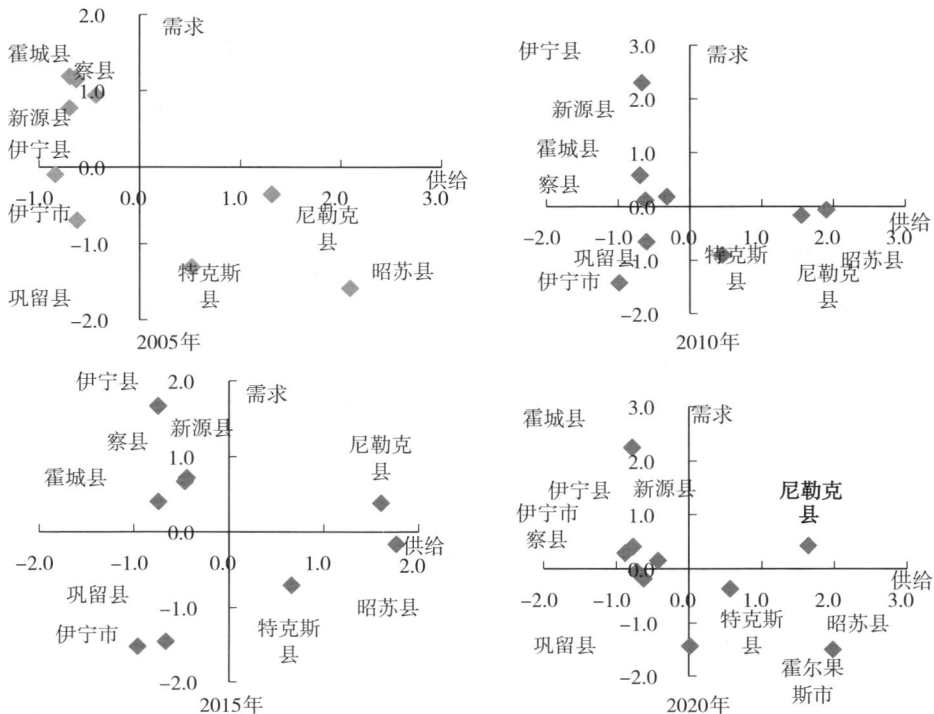

图 5-6 2005—2020 年伊犁河谷水供给服务"供—需"匹配特征

5.6 伊犁河谷水供给服务"供—需"关系变化的影响因素分析

2005—2020 年伊犁河谷水供给服务供给量降幅 17.3%，需求量降幅 5.99%，2020 年水供给服务的供需关系比 2005 年相对紧张，其主要原因在于，水供给服务供给量下降幅度大于需求量下降幅度，个别县市的水供给服务供需变化与整体变化存在差异。

5.6.1 水供给服务的供给量下降，需求量增加

伊宁市水供给服务供给量缩减 60.67%，需求量增长率为 1.35%。主要原因在于，城市中建筑用地增加，人口密集，产水能力降低，需求量增加。昭苏县和特克斯县水供给服务供给量分别缩减 22% 和 15.10%，水供给服务需求增长率分别为 910% 和 253.10%。巩留县和尼勒克县的水供给服务供给量缩减 6.04% 和 6.64%，水供给服务需求增长率为 35.8% 和 27.9%。主要原因在于，耕地面积不断扩张，第一产业用水量大幅增加。

5.6.2 水供给服务的供给量和需求量均下降，供给降幅小于需求降幅

察县和新源县的水供给服务供给量分别缩减 38.47% 和 11.30%，水供给服务的需求量分别缩减 51.37% 和 42.7%，其中供给量的减少源于耕地面积增加，草地面积减少，致使产水水平下降。而需求量的缩减则得益于高效节水农田建设，其在较大程度上提高了农业节水灌溉效率，有效降低了第一产业用水量。

5.6.3 供水、用水及区域综合治理共同作用

伊犁河谷水供给服务"供—需"关系变化是供水、用水以及区域水治理综合作用的结果。水供给服务供给是通过降水和蒸散等影响供给量，不同土地利用类型和气候变化影响导致不同县市水供给服务的供给差异。2005—2020 年昭苏县、特克斯县和尼勒克县的水资源安全指数显示，水

供给服务的供量大于需求量，水供给服务处于盈余状态。伊犁河谷内植被平均覆盖度约为 90％，优良的生态环境有效提高了水土保持能力，增强了水供给服务韧性。水供给服务需求量是人类生产和生活消耗的水资源，2005—2020 年伊犁河谷生活用水量增长了 110.39％，主要由于各县市常住人口量的增加和居民生活方式的改变。第一产业用水量受气候变化等自然因素的影响小于耕地面积、用水效率等人为因素。第二产业和第三产业用水量与产值密切相关，并受经济发展水平、工业技术及产业结构等因素影响。

5.7　本章小结

全面剖析伊犁河谷水供给服务的"供—需"关系是揭示水资源供需矛盾的关键之举，也是探究水供给服务空间流动的重要基础。本章在分析水供给服务"供—需"关系作用机理的基础上，利用耦合协调、水资源安全指数及供需匹配模型，全面回答了水供给服务的"供—需"关系问题，揭示了水供给服务空间流动的原因。主要结论如下：

1）2005—2020 年伊犁河谷水供给服务"供—需"耦合协调性逐渐减弱，2010 年供给指数大于需求指数，2015 年供给指数等于需求指数，其余年份供给指数均显著滞后于需求指数。从发展阶段来看，耦合协调呈现出失调状态，且向协调状态发展较为艰难，演化路径为：濒临失调→中级协调→初级协调→中度失调。伊犁河谷各县市耦合协调状况不稳定，逐步走向失调状态，且向更低失调类型发展的县市增多。协调类型均呈现出"失调→协调→失调"的"非同向"阶段变化特征；耦合协调类型空间分布上呈现出"上游强于中游"和"西南部高于东北部"的特征。

2）2005—2020 年伊犁河谷水资源安全指数总体上呈"先上升后下降"趋势，其中 2005 年、2015 年、2020 年的水资源安全指数均小于 0，水供给服务供给量小于需求量，供需平衡关系处于赤字状态，表现为水供给服务短缺。2010 年水资源安全指数大于 0，水供给服务供给量大于需求量，供需平衡关系处于盈余状态，表现为水供给服务供给充足。供需平衡关系呈现出"一般赤字→一般盈余→一般赤字→一般赤字"的阶段变化特征。2005—2020 年伊宁市、伊宁县、霍城县、察县以及新源县的水供给服务"供需"平衡关系始终处于赤字状态，尼勒克县、特克斯县、昭苏县和霍尔果斯市（2020 年）的水供给服务"供—需"平衡关系始终处于盈余状态。伊犁河谷各县市水供给服务供需平衡关系的"盈余"或"赤字"程度随时间变化而发生变化。

3）伊犁河谷水供给服务供需匹配关系存在 4 种类型，该地区主要以"低供给—高需求""低供给—低需求"和"高供给—低需求"三种匹配类型为主。不同县市水供给服务"供—需"匹配类型存在空间异质性和时间变异性，水供给服务的供需匹配类型呈现出东、西、中的空间差异，相同供需匹配类型的县市在空间上存在"邻近效应"，生产结构具有相似性。草原畜牧区以"高供给—低需求"匹配类型为主，而农业灌溉区则以"低供给—高需求"匹配类型为主。

4）2005—2020 年伊犁河谷水供给服务供给量降幅 17.3%，需求量降幅 5.99%。2020 年水供给服务的供需关系比 2005 年相对紧张，水供给服务的供给量下降幅度大于需求量下降幅度，个别县市的水供给服务供需变化与整体变化存在差异。水供给服务供需关系变化是供水、用水以及区域水治理综合作用的结果。

第6章 CHAPTER 6

伊犁河谷水供给服务的空间流动分析

通过第 5 章分别从耦合、平衡、匹配三个方面对水供给服务的"供—需"关系的论述，全面揭示了伊犁河谷水供给服务"供—需"在空间尺度上均呈现出不均匀的分布形态，地理空间异质性造成的水供给服务供需错位现象成为促使水供给服务从供给区向需求区流动的直接动力。鉴于此，本章基于生态系统服务流理论，在构建水供给服务空间流动特征分析框架的基础上，建立水供给服务空间流动模型，在子流域尺度上揭示水供给服务的空间流动规律，明确水供给服务的供给区和需求区的空间范围、流向、流量及流动路径。

6.1 数据来源与处理

水供给服务供给量用 InVEST 模型产水模块计算的产水服务表示，其数据来源与第 3 章内容一致，在此不再赘述。人口、经济数据和耕地面积源于中国科学院资源环境科学与数据平台（http：//www. resdc. cn）；夜间灯光数据采用 2018 年的 NPP-VIIRS 数据（https：//www. ngdc. noaa. gov）。为保证数据的统一性与精准性，所有数据在 ArcGIS 10.8 软件支持下统一为 90 米空间分辨率。鉴于部分数据的空间分辨率不一致，为了使数据在空间尺度上相匹配，对各类栅格数据进行栅格数据重新采样，使其栅格单元得到统一。

6.2 水供给服务空间流动分析框架

水供给服务流是生态系统服务流的重要组成部分，本章在参考生态系统服务流特征的基础上，构建了水供给服务空间流动特征分析框架（图6-1），明确特征各部分组成及其计算方法，为揭示水供给服务流的一般规律奠定基础。

由图6-1可知，水供给服务的空间流动特征分析内容由流动主体、流动单元、供给区和需求区、流向、流量和流动路径组成。其中，水供给服务（水）是流动的主体，子流域尺度作为探究水供给服务空间流动特征的基本单元，通过对各子流域单元水供给服务水资源安全指数（FSI）的计算结果判定供给区和需求区，并根据数字高程（DEM）将自然条件下的水流方向作为水供给服务的流动方向，最后以水供给服务盈余量作为流量并以河流水系网络确定水供给服务流的流动路径。

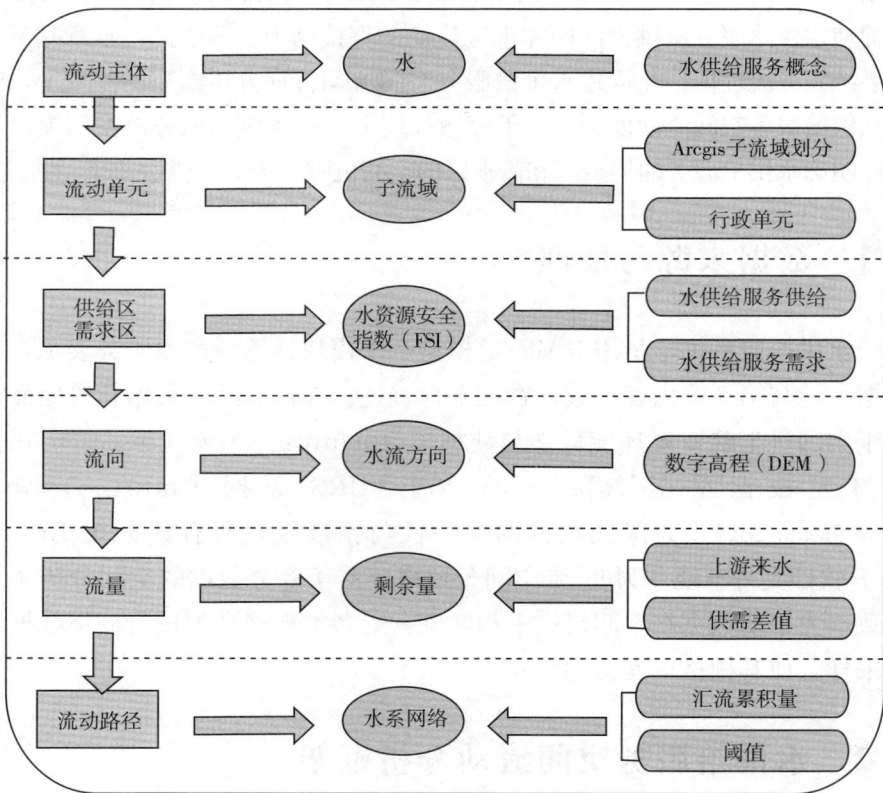

图6-1　水供给服务空间流动特征分析框架

6.3　模型构建与子流域划分

6.3.1　子流域尺度水供给服务供给评估

水供给服务供给量数据来自第 3 章 InVEST 模型产水模块的计算结果，将水供给服务评估结果进行归一化处理及等权重叠加，得到 2005 年、2010 年、2015 年和 2020 年伊犁河谷子流域尺度 90 米×90 米栅格单元的水供给服务供给量数据。由于各单元水供给服务量差距较大，为便于比较，对数据进行归一化处理。

6.3.2　子流域尺度水供给服务需求评估

根据第 4 章水供给服务需求影响因素的结果显示，人口、GDP 和耕地面积与水供给服务需求呈强关联关系。为了在子流域尺度上探讨水供给服务的空间流动特征，需使用空间化的需求数据。本章主要利用人口密度、人均 GDP、夜间灯光亮度和耕地比例 4 项指标的空间化数据，分析伊犁河谷地区的社会经济发展状况，评估水供给服务需求。4 类指标值越高，水供给服务的需求量越大。由于人口密度、人均 GDP 和夜间灯光亮度的空间分布存在明显差异，因此采用自然对数法消除指标的局部剧烈波动[49]，计算公式如下：

$$ESD_i = X_1 + \lg X_2 + \lg X_3 + \lg X_4 \qquad (6-1)$$

式（6-1）中：ESD_i 表示研究单元 i 对水供给服务的总需求；X_1 表示耕地占比；X_2 代表人口密度（人·平方公里）；X_3 代表地均 GDP（万元·平方公里）；X_4 代表研究单元夜间灯光亮度均值（纳瓦·平方厘米·球面度）。

6.3.3　水供给服务空间流动模型假设与构建

6.3.3.1　水供给服务空间流动模型假设

为了描述出水供给服务从供给区到达需求区的空间流动情况，在参考相关文献的基础上[201]，构建了水供给服务的空间流动模型。同时，考虑到水供给服务流与多个过程相关，模型构建基于以下假设：①与水供给服务流相联系的供给区和需求区均是理想条件下的，即所有水体都可以根据地形自然流动，不论水供给服务流动过程中遇到的阻力和障碍；②在伊犁河谷的不同县市，用水需求可以通过水供给服务流来补充。

6.3.3.2 水供给服务空间流动模型构建

（1）水供给服务供给区和需求区识别

通过对各子流域单元水资源安全指数（FSI）计算，识别出供给区和需求区。FSI计算方法与第5章公式（5-9）相同，第5章对水供给服务FSI的计算是基于县域尺度的，难以更直观地揭示水供给服务的空间流动特征规律。因此，本章利用空间化数据，以子流域为连通单元，探究水供给服务的空间流动特征，确定供给区和需求区的空间范围。当FSI<0时，表明子流域水供给服务的供给小于需求，不会向其他子流域流动，为水供给服务需求区；当FSI>0时，表明子流域水供给服务的供给大于需求，多余的服务量可以向其他区域流动，为水供给服务供给区，并根据水资源安全指数（FSI）值的水平，将供给区的供应能力划分为4个等级，具体包括：0.01～0.15、0.15～0.30、0.30～0.50、0.5～1.00。

（2）水供给服务流的流动方向判断

水供给服务流以河流水网为传输载体，根据地形地貌形成从上游流向下游的定向服务流，不仅受当地水供给服务供需状况的影响，还受到流向的影响[321]。可通过DEM确定流向，将自然条件下的水流方向作为水供给服务的流动方向，且只有相邻子流域单元之间才会发生流动，不存在跨子流域间的流动。水供给服务流的流向指水流流出栅格单元格的方向，通过计算中心栅格与邻域栅格的最大距离权落差来确定。

（3）水供给服务流的流量和流动路径确定

水供给服务的流量即水供给服务的盈余量，由子流域单元自身供需盈余量和上游来水量构成。根据水流从高处向低处流动的原理，汇流累积量的计算依赖于水流方向数据。通过分析该地区地形的水流方向数据，确定通过每个点的水量，从而确定该地区的汇流累积量。子流域单元中每个栅格的汇流累积量的多少表示汇流经过该栅格的上游栅格数量，汇流累积量的值越高，说明产生水供给服务流的可能性越大。栅格中的汇流累积量为水供给服务流的流量，当汇流累积量值达到特定临界值时，就会引起水供给服务的空间流动。汇流量超过该临界值的栅格代表潜在的流动路径，连接这些路径所形成的网络就是河网。

　　基于各栅格单元的水供给服务供需差值即剩余水供给服务量为汇流量，汇流量为正的栅格单元产生服务流，为负则不产生服务流；汇流量越大，水供给服务流的流量也越大。本研究以阈值为 800 个网格单元，提取水供给服务流的路径（水网）。上游子流域的剩余流量积累到下游子流域，在不受人类活动干扰的自然状态下形成水供给服务流。水供给服务流由供给单元（区）沿着服务流路径（水网）向需求单元（区）流动，是一种定向服务流[195]，如图 6-2 所示。

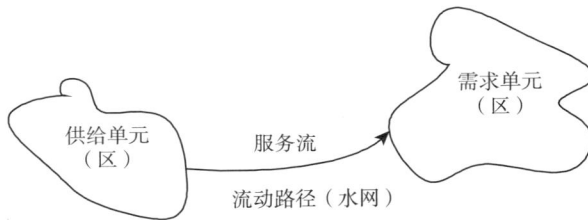

图 6-2　水供给服务流的流动路径示意

资料来源：根据参考文献[195]改绘。

6.3.4　子流域划分

　　DEM 预处理包括两个主要步骤："burn-in"主干河网和洼地的填充。其一，"burn-in"主干河网是人为将栅格高程调低，使从 DEM 中提取河网与实际河网保持一致。其二，洼地填平，首先要通过扫描 DEM 找出洼地，然后将其高程值设置为与其相邻的最小高程值，反复进行直到填平所有洼地。流域是汇集水的区域，由水流划定的自然边界分隔。通过分析同一流域内相连栅格区域的水流方向，可以确定整个相互连接的属于同一流域的栅格区域。提取的水系网络揭示了河流的交汇点和终点，通常以 3 级或更高级别的河道为代表。这些河网交汇点是河流汇聚的地方，使用 Arcgis 软件中的专业工具来提取子流域。

6.4 伊犁河谷各县市的子流域分布情况

如表6-1所示，伊犁河谷各县市共被划分为62个子流域。同一县市由不同子流域构成，同一子流域也跨不同县市存在。其中，伊宁市和霍尔果斯市均被划分为2个子流域，霍城县被划分为3个子流域，伊宁县被划分为8个子流域，尼勒克县被划分为9个子流域，新源县被划分为8个子流域，巩留县被划分为7个子流域，特克斯县被划分为12个子流域，昭苏县被划分为10个子流域，察县被划分为9个子流域。

表6-1 伊犁河谷各县市子流域分布情况

各县市	伊宁市	霍尔果斯市	伊宁县	察县	霍城县	巩留县	新源县	昭苏县	特克斯县	尼勒克县
子流域划分情况	7号、19号	6号、10号	5号、13号、14号、19号、20号、22号、29号、30号	4号、8号、9号、15号、16号、17号、18号、23号、28号	2号、3号、10号	30号、31号、32号、37号、39号、43号、47号	33号、34号、35号、36号、37号、38号、40号、47号	51号、52号、53号、55号、58号、59号、60号、61号、62号	41号、42号、43号、44号、45号、46号、48号、49号、50号、54号、56号、57号	1号、20号、24号、25号、26号、27号、30号、31号、33号

6.5 伊犁河谷子流域尺度水供给服务供给和需求的时空变化分析

6.5.1 伊犁河谷子流域尺度水供给服务供给的时空变化分析

利用自然断点法将2005—2020年伊犁河谷子流域尺度水供给服务供给量水平划分为低供给、中等供给、较高供给和高供给4个等级。整体上看，2005—2020年伊犁河谷子流域尺度水供给服务的供给量呈"先上升

后下降"趋势，低供给子流域数量"先减少后增加"，高供给子流域数量
"先增加后减少"。

从高供给子流域数量变化情况来看，2005年伊犁河谷属于高供给的
子流域包括6号、10号、27号、59号～62号7个子流域；2010年高供给
子流域数量增加，在2005年子流域的基础上增加了26号、54号、57
号、58号4个子流域，共11个子流域；2015年高供给子流域数量减少，
在2010年基础上减少了26号和58号子流域，共9个子流域；2020年高
供给子流域数量明显减少，比2015年减少了6号、10号、54号、57号、
59号5个子流域，剩4个子流域。总的来说，2005—2020年伊犁河谷的
27号、60号～62号子流域始终为高供给子流域，这些子流域分别属于尼
勒克县和昭苏县，其中有3个子流域都属于昭苏县，可见昭苏县和尼勒克
县的水供给服务供给处于较高水平，作为伊犁河主支的源头，发挥着"水
塔"功能，因此需要特别注重加强该区域的生态保护。

从低供给子流域数量变化情况来看，2005年伊犁河谷属于低供给的
子流域有43个，主要分布于河谷中部区域；2010年低供给子流域有30
个，2015年低供给子流域有36个，2020年低供给子流域有44个。
2005—2020年始终作为低供给的子流域有7号、14号、16号、19号、22
号、25号、28号～33号、46号、48号和52号15个子流域，低供给子流
域的数量占比较多。

综上得出，高供给子流域多位于霍尔果斯市、尼勒克县东部、昭苏县
南部以及特克斯县南部区域，这些区域的共同点为海拔较高，多林地和草
原，生境条件良好，降水充足，且有伊犁河支流发源于此。低供给子流域
多位于伊宁市、尼勒克县西部、伊宁县中部、察县东部、特克斯县北部及
巩留县西北部区域，这些区域海拔相对较低，耕地和建设用地较多，供水
条件相对较差，是生态管理需要重点关注的区域。

6.5.2 伊犁河谷子流域尺度水供给服务需求的时空变化分析

利用自然断点法将2005—2020年伊犁河谷子流域尺度水供给服务需
求量水平划分为低需求、中等需求、较高需求和高需求4个等级。整体上
看，2005—2020年伊犁河谷子流域尺度水供给服务的需求量呈"先上升

后下降"趋势，高需求子流域数量增加，低需求子流域数量呈"先减少后增加"的趋势。

从高需求子流域数量变化情况来看，2005 年伊犁河谷属于高需求的子流域为 19 号子流域，2010 年和 2015 年高需求子流域均为 9 号和 19 号子流域，2020 年属于高需求的子流域为 7 号、9 号和 19 号子流域，可见高需求子流域的数量在不断增加，且以伊宁市和察县为主，其主要原因在于，伊宁市作为伊犁哈萨克自治州的首府城市，经济发展水平较高，人口密度大，第二、第三产业和生活用水需求量较高，水资源需求量相对较大；察县以发展农业为主，多种植水稻，常用漫灌的灌溉方式，农业用水量较大。

从低需求子流域数量变化情况来看，2005 年伊犁河谷属于低需求的子流域有 24 个，空间上呈"西南东北向"分布。2010 年低需求的子流域在 2005 年的基础上加入特克斯县的 46 号子流域，共 25 个；2015 年有 11 个低需求子流域转为中等需求，剩余 14 个低需求子流域；2020 年低需求子流域数量大幅增加，除以霍尔果斯市西部、霍城县西部、伊宁市、察县东部、巩留县西北部和新源县中部涉及的 3 号、6 号、7 号、9 号、11 号、14 号、16 号～19 号、21 号、22 号、28 号、29 号、31 号、32 号、35 号、37 号和 39 号外，其余均为低需求子流域。低需求子流域多分布在伊犁河谷南部、东部、西北部区域，且以昭苏县、特克斯县和尼勒克县为主。

结合伊犁河谷子流域尺度上水供给服务供给和需求的变化情况来看，水供给服务的低供给子流域与高需求子流域重合。例如伊宁市的 7 号和 19 号既是低供给子流域同时也是高需求子流域，该市水供给能力较低，但水资源需求量较大，主要依靠上游水供给服务流传递的流量支持社会经济正常运转。

6.6 伊犁河谷水供给服务空间流动的特征规律

综上分析，2005—2020 年伊犁河谷子流域尺度水供给服务的空间流动特征情况如下。可根据水供给服务的供应能力水平识别出水供给服务的供给区和需求区，并按照流量的高低情况，划分出低服务流、中服务流和高服务流三类流量等级，标注出水供给服务流的流向及流动路径。

6.6.1　伊犁河谷水供给服务供给区和需求区的子流域数量及空间分布

2005 年伊犁河谷水供给服务的供给区包括：1 号、6 号、10 号、13 号、15 号、18 号、20 号、23 号、24 号、26 号、27 号、34 号、38 号、40 号、42 号、43 号、46 号、47 号、50 号～62 号 31 个子流域，其余 31 个子流域均为水供给服务的需求区。

2010 年伊犁河谷水供给服务的供给区包括：1 号～3 号、5 号、6 号、10 号、13 号、15 号、18 号、20 号、21 号、23 号～28 号、34 号、38 号、40 号、42 号、43 号、45 号～47 号、50 号～62 号共 38 个子流域，其余 24 个子流域为水供给服务的需求区。

2015 年伊犁河谷水供给服务的供给区包括：1 号、2 号、5 号、6 号、10 号、13 号、15 号、18 号、20 号、23 号～28 号、34 号、38 号、40 号、42 号、43 号、46 号、47 号、50 号～62 号 35 个子流域，其余 27 个子流域为水供给服务的需求区。

2020 年伊犁河谷水供给服务的供给区包括：1 号、2 号、5 号、6 号、10 号、13 号、15 号、20 号、23 号～27 号、34 号、38 号、40 号、42 号、43 号、46 号、47 号、50 号～62 号共 33 个子流域，其余 29 个子流域为水供给服务的需求区。

2005—2020 年伊犁河谷 4 号、7 号、8 号、9 号、14 号、16 号、17 号、19 号、22 号、29 号～33 号、35 号～37 号、39 号、41 号、48 号、49 号 21 个子流域始终作为需求区存在，其对水供给服务的需求量大于供给量。上述需求区的子流域涉及伊宁市、伊宁县中部、察县中部、巩留县西北部、新源县西北部及特克斯县东北部区域等，该区域距离伊犁河发源地相对较远，水供给服务供给能力有限，而对水供给服务的需求量较大，主要依靠其他子流域的水供给服务供应满足区域正常生产生活需要。若要增加水供给服务流量，提升水供给服务对抗风险的水平，需从提升需求区的子流域水供给服务的供应能力入手。

结合得出，2005—2020 年伊犁河谷水供给服务供给区的子流域数量始终大于或等于需求区的子流域数量。鉴于水供给服务的流动性，水供给服务从供给区向需求区流动，使得水供给服务在整体上处于供大于求的状态。2005—2020年供给区的子流域数量呈"先增加后减少"趋势，其中2010年供给区的子流域数量最多，达38个，需求区的子流域数量最少，为24个，此结果正好与前文"供—需"平衡关系研究结果相呼应，2010年水供给服务"供—需"关系处于盈余状态。2005年供给区和需求区的子流域数量相等，均为31个。由此可见，供给区的子流域数量多的年份，水供给服务的供应能力较好，汇流量较大，其向相邻子流域的流动量较多，需求区的子流域数量相应减少（图6-3）。

2005—2020年霍尔果斯市和昭苏县始终作为供给区；伊宁市始终作为需求区，其余县市或为供给区或为需求区。需求区多位于伊犁河谷中部地区，供给区多位于河谷南部、西北部和东北部等伊犁河发源地区域。

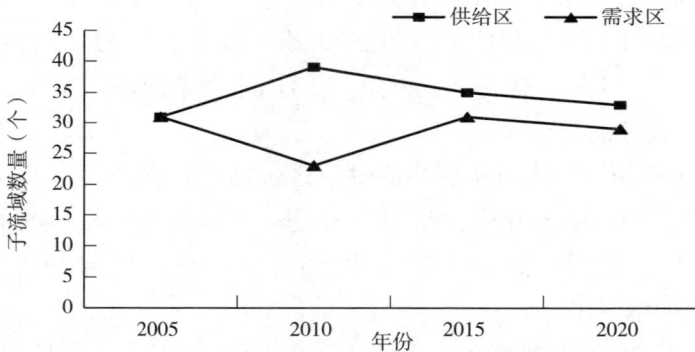

图6-3 2005—2020年伊犁河谷供给区和需求区的子流域数量变化

6.6.2 伊犁河谷水供给服务供给区子流域的供应能力水平变化

结合供需情况可知，2005年伊犁河谷的27号、60号、61号、62号4个供给区的供应能力水平为0.5～1；6号、10号、54号、57号～59号6个供给区的供应能力水平为0.3～0.5；1号、24号、26号、43号、50号、56号6个供给区的供应能力水平为0.15～0.30；13号、20号、34号等15个供给区的供应能力水平为0.01～0.15。

2010年伊犁河谷的6号、10号、27号、54号～62号12个子流域的供应能力水平为0.5～1；1号、24号、26号、47号、50号、56号6个子流域的供应能力水平为0.3～0.5；13号、15号、20号等9个子流域的供应能力水平为0.15～0.30；2号、3号、5号等14个子流域的供应能力水平为0.01～0.15。

2015年伊犁河谷的6号、10号、27号、54号、57号、60号～62号8个子流域的供应能力水平为0.5～1；15号、26号、50号、56号、58号、59号6个子流域的供应能力水平为0.3～0.5；1号、23号、24号、43号、47号5个子流域的供应能力水平为0.15～0.30；2号、5号、13号等16个子流域的供应能力水平为0.01～0.15。

2020年伊犁河谷的27号、60号～62号4个子流域的供应能力水平为0.5～1；6号、10号、26号、50号、54号、57～59号8个子流域的供应能力水平为0.3～0.5；1号、24号、43号等6个子流域的供应能力水平为0.15～0.30；2号、5号、13号等15个子流域的供应能力水平为0.01～0.15。

总体来看，2005—2020年伊犁河谷地区仅27号、60号、61号、62号4个子流域供应能力水平始终为0.5～1，绝大多数供给区的供应能力水平为0.01～0.05。可见，伊犁河谷水供给服务供给区的数量虽多于需求区，但供给区的供应能力水平较低，当极端气候变化（干旱）发生时，水资源安全将面临威胁。因此，即使目前水供给服务状况相对安全，但鉴于水供给服务"供—需"时空分布不均，供应能力水平低的现实，依然需要采取有效措施积极应对，通过增加供给区数量，改善供给区的水供给服务供应能力，建立韧性的水供给服务供给区，提升其极端气候应变能力。

6.6.3　伊犁河谷水供给服务流的流量水平变化情况

水供给服务流产生于供应能力较高的供给区，供给能力越高其汇流量越大，流量的水平等级越高。低服务流汇集形成中服务流，中服务流汇集形成高服务流。低服务流和中服务流均位于子流域内部，高服务流能跨越相邻子流域单元将供给区与需求区连接在一起。2005—2020年伊犁河谷的高服务流主要沿伊犁河主要支流分布，包括特克斯河和喀什河；2010年巩乃斯河西段也为高服务流。低服务流和中服务流受当地富余水供给服务流量的影响较大，当富余流量增多时，低服务流将转变成中服务流，中服务流将转变成高服务流。2005—2010 年低服务流和中服务流增加；2015 年由于水供给服务富余量下降，中服务流量和低服务流量减少；2020 年随着水供给服务流的富余量逐渐减少，中服务流量和低服务流量小幅减少。

6.6.4 伊犁河谷水供给服务流的流向及流动路径特征

综上可知，2005—2020 年伊犁河谷水供给服务流的流向始终保持一致，并未因为水供给服务流量的富余程度而发生改变。整体上看，水供给服务流有三个主要的流动方向，且恰好与伊犁河三大主要支流的流向重合。具体如下：

1）特克斯河由西南向东北流动，是伊犁河的第一大支流，其发源于哈萨克斯坦境内的汗腾格里峰北坡，与阿克苏地区毗邻，由西南流向东北方向，流经昭苏县、特克斯县、巩留县，在巩留县、尼勒克县和新源县相邻处汇入巩乃斯河，继而向西奔流，流经了 37 号、49 号、52 号、59 号、62 号等 25 个子流域。

2）喀什河自东向西流动，是伊犁河的第二大支流，发源于新疆天山山脉和依连哈比尔尕山之间的西北山麓，在伊宁县墩麻扎附近与巩乃斯河汇合，继续向北注入伊犁河，流经了 24 号、25 号、26 号、27 号、29 号等 8 个子流域。

3）巩乃斯河由东向西北流动，是伊犁河的第三大支流，其发源于新疆天山山脉依哈比尔朵山西麓和静县西北角安迪尔山南坡，以那拉提山为分水岭与巴音郭楞蒙古自治州相隔，西流折向北流，在巩留县托铁达坂与喀拉布拉之间汇合特克斯河后，汇合喀什河，流经了 33 号、35 号、36 号、40 号等 7 个子流域。

6.7 本章小结

水供给服务的空间流动是水供给服务供需错位结果的表现形式，对水供给服务流的研究离不开供需讨论。本章在子流域单元上分析水供给服务的供需水平，并利用空间流动模型，揭示水供给服务空间流动特征规律。印证了"水供给服务流"并不只是停留在概念化的内容，它可以通过可视化手段表达出来。主要结论如下：

1）伊犁河谷各县市共被划分为 62 个子流域，同一县市由不同子流域构成，同一子流域也跨不同县市而存在。2005—2020 年伊犁河谷子流域尺度水供给服务的供给量呈"先上升后下降"趋势，低供给子流域数量"先减少后增加"，高供给子流域数量"先增加后减少"；水供给服务的需求量呈"先上升后下降"趋势，高需求子流域数量增加，低需求子流域数量呈"先减少后增加"的趋势；水供给服务的低供给子流域与高需求子流域重合。

2）2005—2020 年伊犁河谷水供给服务供给区的子流域数量始终大于或等于需求区的子流域数量，鉴于水供给服务的流动性，水供给服务从供给区向需求区流动，整体上水供给服务处于供大于求状态。供应能力为 0.01～0.15 水平的供给区数量占比较大，供应能力为 0.5～1 水平的供给区占比较小，虽然总体上水供给服务的供给区数量多于需求区，但供给区的供应能力水平偏低，当极端气候变化（干旱）发生时，水资源安全将面临威胁。

3）水供给服务流产生于供应能力高的供给区，供给能力越高其汇流量越大，流量的等级越高。低服务流汇集形成中服务流，中服务流汇集形成高服务流，低服务流和中服务流均位于子流域内部；高服务流跨越相邻子流域单元将供给区与需求区连接在一起。2005—2020 年伊犁河谷水供给服务流的流向保持一致，并未因为水供给服务流量的富余程度而发生改变。水供给服务流主要有三个流动方向，且正好与伊犁河三大主要支流重合。

伊犁河谷水供给服务的
配置模拟与调控

　　水供给服务的空间流动性使得伊犁河谷水供给服务在总体上处于供大于求的状态，但由于供给区的供应能力水平偏低，各县市和子流域尺度的水供给服务供需水平参差不齐，水供给服务韧性不足，导致局部供需矛盾突出，水资源安全面临威胁。随着社会经济不断发展，未来流域水资源如何更安全？本章从研究区综合视角出发，以实现水供给服务高效利用为前提，首先借鉴系统动力学理论，构建水供给服务系统动力学模型；其次对模型进行有效性因素检验和敏感因素识别；最后根据情景设定和仿真模拟结果选择最优调控方案，为流域水资源管理实践提供科学指导。

7.1　系统动力学模型构建基础

7.1.1　系统动力学方法

　　系统动力学的本质是一阶微分方程组，可用于描述系统中各个状态变量的变化速率对各状态变量或特定输入等变量的依存关系[291]。计算公式如下：

$$LEV(t) = LEV(t-\Delta t) + \Delta t \times [R_1(t-\Delta t) - R_2(t-\Delta t)] \ (\Delta t > 0)$$
$$(7-1)$$

$$LEV(t)/_{(t=t_0)} = LEV(t_0) \qquad (7-2)$$

$$RAT(t) = f_1[LEV(t), A(t), RAT_1(t-\Delta t)] \qquad (7-3)$$

$$A_1(t) = f_2[LEV(t), A_2(t), RAT(t-\Delta t)] \qquad (7-4)$$

　　式（7-1）和式（7-2）为流位方程 L，式中 $R_1(t)$、$LEV(t)$ 分别为流入率和流出率。式（7-3）为流率方程 R，式中 $LEV(t)$ 为方程右边含

流位变量为 t 时刻的值；$A(t)$ 为方程右边含辅助变量为 t 时刻的值；$RAT_1(t-\Delta t)$ 为方程右边含流率变量为 $t-\Delta t$ 时刻的值。式（7-4）为辅助变量方程 A，式中 $A_2(t)$ 为方程右边含辅助变量为 t 时刻的值；$RAT(t-\Delta t)$ 为方程右边含流率变量为 $t-\Delta t$ 时刻的值。

7.1.2　系统动力学模式结构及主要变量

系统动力学主要由水平变量、速率变量、常量和辅助变量组成。其中，水平变量是一种累积效应变量，代表随时间变化其值呈现出相应的累积变化，也称积累变量或状态变量，用矩形符号表示。速率变量表示水平变量的变化速度，也称为流率变量，用阀门符号表示。常量指在一定时间内保持不变的量。辅助变量随时间而发生变化，但不是水平或者速率性变化的量，用来表示水平和速率变量之间的复杂关系，其表示方法与常量相同，均以变量名称表示[292]（图 7-1）。

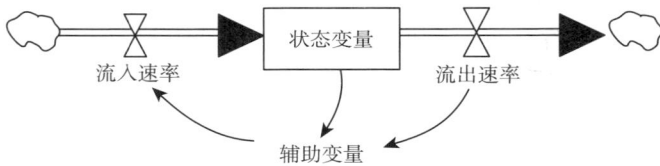

图 7-1　系统动力学模式结构

7.1.3　系统动力学的反馈结构与模型构建原理

系统动力学主要对信息反馈进行分析，并以系统内的反馈结构为基础。这种反馈结构通过因果关系、因果箭头、因果链和反馈回路等组合而成。其中，因果关系能反映系统的内部结构，建立系统动力学模型（System Dynamics，SD）首先要进行因果关系分析，正确的因果关系是建立 SD 模型的前提条件。因果关系由因果箭头连接，包括正/负因果关系，不同因果箭头首尾连接组成正/负因果链，当连接形成闭环时就组成了反馈回路。

根据系统动力学理论，任何一个复杂的大系统是由多个子系统相互关联的反馈回路构成的。在此框架下构建模型，需要从分析更广泛的研究领域入手，精确指出关键的研究问题，了解各子系统反馈回路之间的因果联系，选择相关的参考变量，并根据方法论和系统知识的指导构建模型。该模型旨在模拟真实系统的功能和结构，预测系统未来的发展和变化。

7.2 伊犁河谷水供给服务系统动力学模型建立

7.2.1 数据来源及模型边界数据确定

伊犁河谷水供给服务系统动力学模型以伊犁河谷行政区划为空间边界，时间边界为 2015—2035 年，其中，2015—2020 年为验证期，2021—2035 年为预测期。为降低时间步长带来的误差，模型仿真的时间间隔确定为 1 年。在构建伊犁河谷水供给服务供需 SD 模型过程中，根据参数估计方法不同，可将参数估计分为两类：政策性参数估计和统计性参数估计。

7.2.1.1 政策性参数

政策性参数指有关机构根据行业特点、国家政策法规明确提出的建议值或强制值的参数，如单位绿化面积用水量、农业用水定额（亩均灌溉用水量）、工业水重复利用率、人均生活用水量等。本研究的政策性参数主要来自《新疆水资源公报》《伊犁州直高标准农田建设行动方案》《伊犁哈萨克自治州节水行动实施方案》和《新疆维吾尔自治区农业用水定额》。

7.2.1.2 统计性参数

统计性参数是对历史数据进行统计分析来预测未来取值的参数，如第一产业产值年增长率、第二产业产值年增长率和第三产业产值年增长率等，统计性参数均来自《新疆统计年鉴》（2016—2021 年）和《伊犁哈萨克自治州统计年鉴》（2016—2021 年）。

7.2.2 水供给服务系统动力学模型子系统划分及因果关系分析

7.2.2.1 水供给服务系统动力学模型子系统划分

如图 7-2 所示，系统动力学通过分析系统构成要素及其内部动态反馈机制，研究系统的行为和功能。本章利用此方法构建伊犁河谷水供给服务系统动力学模型，探究不同情景下未来水供给服务供需变化状况。为了研究结果在社会经济系统实际操作中能更好的指导水资源管理实践，本章在水供给服务供给的变量选择上，不再选用第 3 章、第 6 章中 InVEST 模型计算的产水服务结果——潜在供给量，而是从更全面的社会经济统计角度出发，以统计年鉴数据为基础，选用地表水可供量、地下水可供量和污水回用量等实际供给量表征地区总供水。在水供给服务需求变量的选择上，除第 4 章涉及的生产用水和生活用水变量外，为使 SD 模型结构更加完整，纳入耗水最少的生态用水。在衡量水供给服务的供需关系，揭示未来伊犁河谷水供给服务的盈余方面，选择与第 5 章和第 6 章相同的方法——水资源安全指数（FSI），计算方法参考第 5 章的公式（5-9）。

　　模型由生产用水子系统、生活用水子系统、生态用水子系统、供水子系统及供需子系统 5 个子系统构成，子系统间以水供给服务为纽带，相互联系并制约，共同影响着伊犁河谷的水资源安全状况。

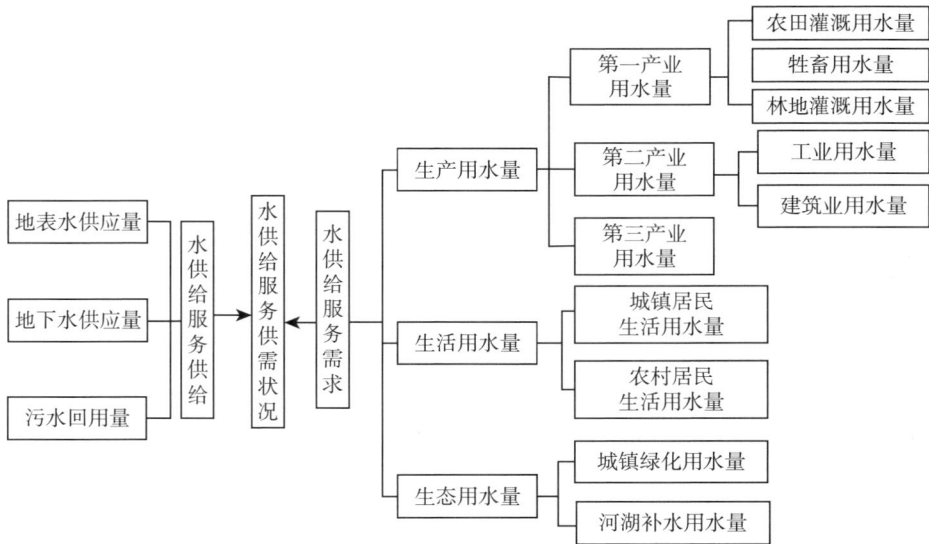

图 7-2　水供给服务供需系统结构关系

（1）生产用水子系统

　　该系统包括"第一产业用水量""第二产业用水量"和"第三产业用水量"三个部分。第一产业用水量由农田灌溉用水量、牲畜用水量和林地灌溉用水量组成；农田灌溉用水量受农田灌溉面积和亩均灌溉用水量影响；牲畜用水量受牲畜数量和牲畜均用水量影响。第二、三产业用水量均由当年的 GDP 与单位 GDP 用水量决定，GDP 增长导致生产用水量增加。而生产用水量的增加将加剧水资源供需矛盾，并对各产业 GDP 的增长造成不利影响，阻碍经济发展。

（2）生活用水子系统

生活用水子系统由农村居民生活用水量和城镇居民生活用水量组成。人口变化率影响人口数量，人口数量增加将导致居民用水量增加。城镇居民用水量和农村居民用水量存在明显差异，用城镇化率区分。2020 年《新疆水资源公报》显示人均用水量为 151 升/（人·天），据《新疆统计年鉴》和《伊犁哈萨克自治州统计年鉴》计算所得伊犁河谷地区城镇和农村居民人均生活用水量分别为 220 升/（人·天）和 142 升/（人·天）。然而依据《新疆维吾尔自治区工业和生活用水定额》（新政颁发〔2007〕105号）中对伊犁地区城镇居民生活用水定额规定为 80~100 升/（人·天），农村人均生活用水定额为 70~80 升/（人·天），分析发现新疆地区整体及伊犁河谷地区人均用水量都高于生活用水定额，生活用水具有较大节水潜力。

（3）生态用水子系统

本研究中生态用水由城镇绿化用水量和河湖补水用水量组成，其中城镇绿化用水量由城市绿化面积和单位城市绿化面积用水量决定；河湖补水用水量受河湖面积影响。

（4）供水子系统

水供给服务供给总量反映了水供给服务对经济社会发展的供给能力，包括地表水、地下水可供水量和污水回用量。其中，地下水供应量的特点是可供水量少、总量稳定、年际间波动较小以及开发潜力有限。地表水供应量因水利设施水平提升，其利用率会逐渐上升。污水回用量受污水排放总量和污水处理率影响，预计到 2025 年新疆城镇生活污水处理率达97％，农村生活污水处理率达 30％左右[322]。

（5）供需子系统

水供给服务供需子系统在系统动力学模型中起着至关重要的作用，它将供水子系统和需水子系统联系起来，形成一个综合的水供给服务供需系统。该系统的关键变量是总供水量和总需水量。总需水量包括生产需水量、生活需水量和生态需水量；总供水量包括地表水、地下水供应量和污水回用量。水资源安全指数的计算方法是对总供水量与总需水量的比值求常用对数，与第 5 章和第 6 章中水资源安全指数（FSI）的计算公式一致。

7.2.2.2　水供给服务系统动力学模型各变量间因果关系分析

如图 7-3 所示，水供给服务系统作为复杂的大系统与各方面关系紧密。本章采用系统动力学模型将水供给服务系统的各个要素耦合在一起，将具有因果关系的要素用箭头连接在一起，以表明各子系统之间的相互联系，从而形成因果反馈结构，然后将这些反馈结构进行组合，形成因果反馈回路图，为后续建立 SD 模型奠定理论基础。

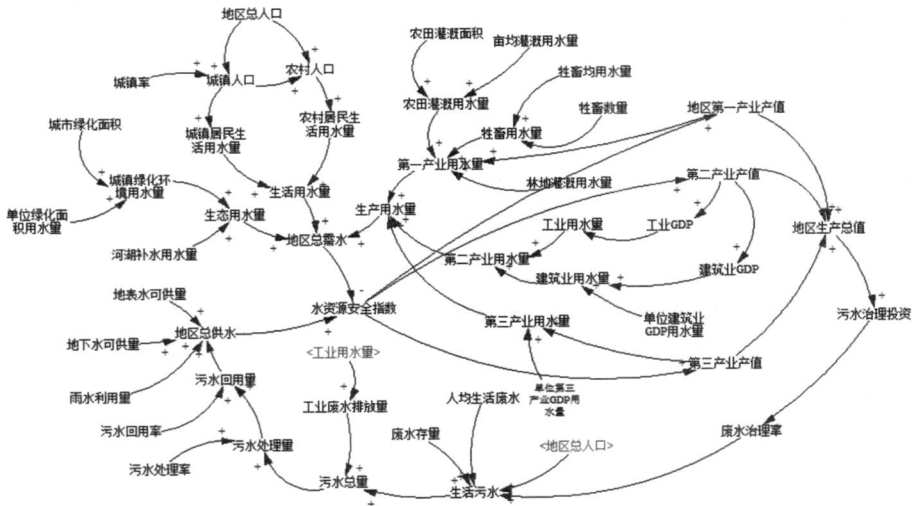

图 7-3　因果关系反馈回路

图 7-3 中，"＋"表示正反馈关系，即箭头左右两侧变量之间呈正相关关系；"－"表示负反馈关系，即箭头左右变量之间呈负相关关系。基于此，伊犁河谷水供给服务"供—需"系统模型主要包括以下 7 条反馈路线：

第一条，水资源安全指数→＋地区第一产业产值→地区生产总值→＋污水治理投资→＋废水治理率→＋生活污水→＋污水总量→＋污水处理量→＋污水回用量→＋地区总供水→＋水资源安全指数（正反馈回路）。

第二条，水资源安全指数→＋地区第一产业产值→＋第一产业用水量→＋生产用水量→＋地区总需水→－水资源安全指数（负反馈回路）。

第三条，水资源安全指数→＋第二产业产值→＋地区生产总值→＋污水治理投资→＋废水治理率→＋生活污水→＋污水总量→＋污水处理量→＋污水回用量→＋地区总供水→＋水资源安全指数（正反馈回路）

第四条，水资源安全指数→＋第二产业产值→＋建筑业 GDP→＋建筑业用水量→＋第二产业用水量→＋生产用水量→＋地区总需水→－水资源安全指数（负反馈回路）。

第五条，水资源安全指数→＋第二产业产值→＋工业 GDP→＋工业用水量→＋第二产业用水量→＋生产用水量→＋地区总需水→－水资源安全指数（负反馈回路）。

第六条，水资源安全指数→＋第三产业产值→＋地区生产总值→＋污水治理投资→＋废水治理率→＋生活污水→＋污水总量→＋污水处理量→＋污水回用量→＋地区总供水→＋水资源安全指数（正反馈回路）。

第七条，水资源安全指数→＋第三产业产值→＋第三产业用水量→＋生产用水量→＋地区总需水→－水资源安全指数（负反馈回路）。

根据因果反馈回路图绘制了水资源安全指数因果树状图，更清楚地表示出影响变量变化的因素及其变化后的结果。由图 7-4 可知，水资源安全指数与地区总供水和地区总需水相关，其中地区总供水由地下水可供量、地表水可供量、污水回用量组成；地区总需水由生活、生产和生态用水量组成；水资源安全指数对一产增量、第二和第三产业产值直接产生影响。

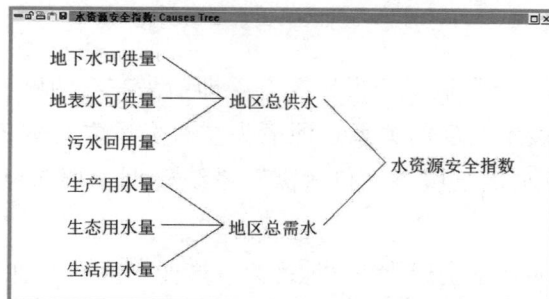

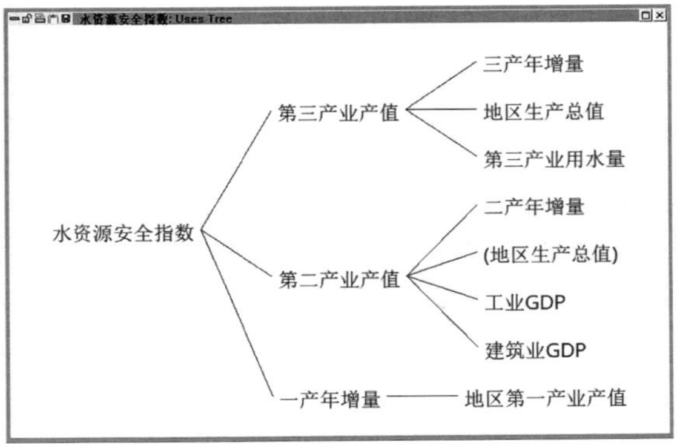

图 7-4　水资源安全指数的树状图分析

7.2.2.3　水供给服务系统动力学模型流程图的构建

　　模型流程图是由变量和符号组合而成，不仅展示了变量之间的属性和联系，而且阐明了水供给服务供需系统结构的反馈机制，并通过量化图中的关系方程来实现模型的仿真模拟。通过分析变量之间的反馈联系，建立了模型子系统，然后根据将它们联系起来的变量把 5 个子系统组合在一起。应用 Vensim PLE 软件构建伊犁河谷水供给服务系统动力学模型流程图，如图 7-5 所示。

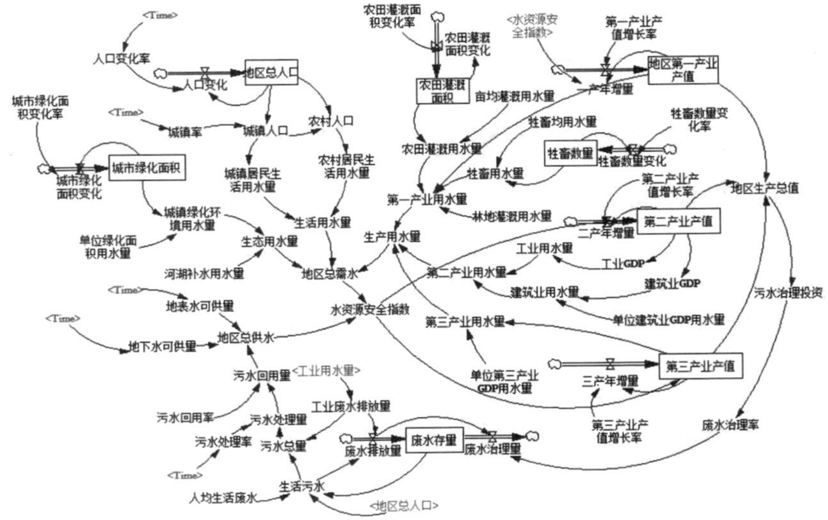

图 7-5　伊犁河谷水供给服务系统动力学模型流程

伊犁河谷水供给服务系统动力学模型共包含 65 个变量，其中水平变量 8 个，速率变量 9 个，辅助变量 33 个，常量 15 个。模型涉及方程较多，主要选取以下方程，如表 7-1 所示。

表 7-1　伊犁河谷水供给服务系统动力学模型主要方程

变　量	方　程
生产用水量（亿米³）	第一产业用水量＋第二产业用水量＋第三产业用水量
生活用水量（亿米³）	农村居民生活用水量＋城镇居民生活用水量
生态用水量（亿米³）	城镇环境绿化用水量＋河湖补水量
供水总量（亿米³）	地表水资源量＋地下水资源量＋雨水利用量＋污水回用量
需水总量（亿米³）	生产用水量＋生活用水量＋生态用水量
水资源安全指数	供水总量与需水总量的比值取对数
农村居民生活用水量（亿米³）	农村人口×农村人均生活用水量
城镇居民生活用水量（亿米³）	城镇人口×城镇人均生活用水量
第一产业用水量（亿米³）	农田灌溉用水量＋牲畜用水量＋林地灌溉用水量
第二产业用水量（亿米³）	工业用水量＋建筑业用水量
农田灌溉用水量（亿米³）	亩均灌溉用水量×农田面积
牲畜用水量（亿米³）	牲畜均用水量×牲畜数量
林地灌溉用水量（亿米³）	林地亩均灌溉用水量×林地面积
工业用水量（亿米³）	单位工业 GDP 用水量×工业 GDP
建筑业用水量（亿米³）	单位建筑业 GDP 用水量×建筑业 GDP

7.3　伊犁河谷水供给服务系统动力学模型检验与敏感因素识别

在模型正式使用之前，需要对模型模拟出的结果进行有效性检验，确保模型具有客观性和有效性。具体方法包括直观检验、运行检验和历史检验。

7.3.1　系统动力学模型的检验

7.3.1.1　直观检验

依据建模、潜在方法的储备知识以及分析收集到的数据和信息，对模型系统的边界、因果关系、流程图、变量定义和系统方程等展开检验。结果可知，所见模型中各变量之间的因果关系合理且量纲一致（表 7 - 1），系统方程式能够准确表达变量之间的关系，系统流程图准确反映水供给服务供需系统内各要素间作用机制。

7.3.1.2　运行检验

运行检验的主要目的是评估模型中方程量纲和系统参数的有效性和精度。主要包括对 SD 模型的系统边界、内部因果关系、结构流程图和结构方程式进行评价，保证量纲的一致性，变量之间的关系是合乎逻辑的，方程式能精准表达变量之间的联系，从而增强对水资源安全动态性的刻画。运用 Vensim PLE 软件中的"check model"功能，检验模型是否存在运行错误，如图 7 - 6 所示。

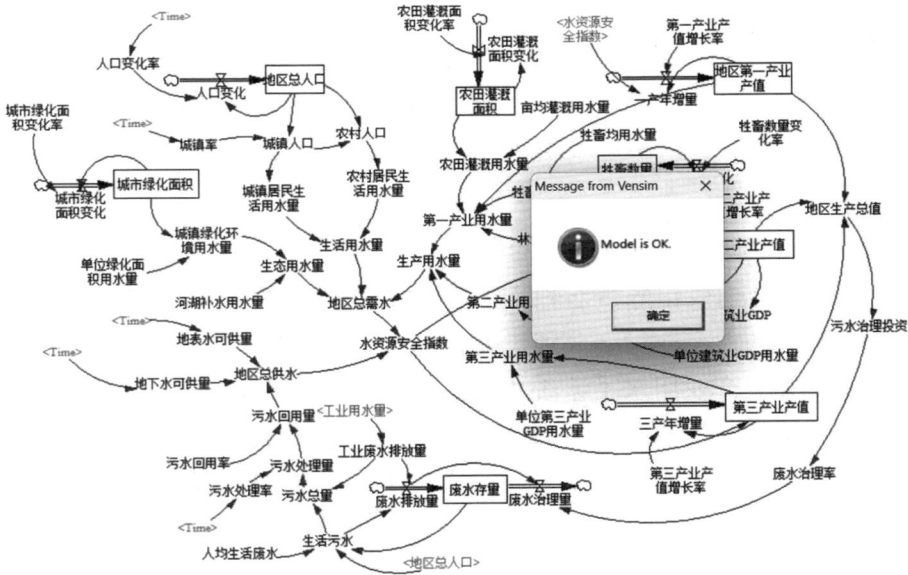

图 7 - 6　伊犁河谷水供给服务系统动力学模型检验

7.3.1.3　历史检验

将历史数据与模型模拟结果进行对比，通过检验历史数据与模拟数据的相似性，对系统动力学模型的准确性和可靠性做出评价。伊犁河谷水供给服务系统动力学模型于 2015 年开始运行，历史统计数据涵盖

2015—2020 年，预测年份为 2021—2035 年。对农村人口、农田灌溉面积、工业 GDP 和第三产业 GDP 4 个具有代表性的变量进行历史检验，结果见表 7-2。

表 7-2 模型历史检验的结果

变量	项目	2015 年	2016 年	2017 年	2018 年	2019 年	2020 年
农村人口	历史数据	161.48	163.31	165.75	166.60	167.10	169.12
	模型模拟	161.48	163.72	170.88	170.46	174.00	170.92
	误差（%）	0.00	0.25	3.09	2.32	4.13	1.06
农田灌溉面积	历史数据	551 894	551 894	613 552	649 957	649 957	649 957
	模型模拟	551 894	553 840.67	622 140.30	652 046.37	678 697.03	667 076.04
	误差（%）	0.00	0.35	1.40	0.32	4.42	2.63
工业 GDP	历史数据	122.27	116.98	143.21	152.60	155.64	148.64
	模型模拟	122.27	122.67	149.09	153.45	160.10	155.16
	误差（%）	0.00	4.86	4.11	0.55	2.87	4.39
第三产业 GDP	历史数据	321.54	305.64	352.64	484.60	611.64	627.63
	模型模拟	321.54	310.16	357.99	506.32	614.28	658.75
	误差（%）	0.00	1.48	1.52	4.48	0.43	4.96

数据来源：《新疆统计年鉴》（2016—2021 年）。

农村人口、农田灌溉面积、工业 GDP 和第三产业 GDP 作为系统动力学模型中的状态变量，分别代表着生活用水、第一产业用水、第二产业用水和第三产业用水子系统中的变量。鉴于模型模拟以 2015 年为基础，其模拟值与历史数据保持一致；2016—2020 年模拟值与历史统计数据相比，相对误差控制在"+5%"以内，符合规范要求[323]。表明伊犁河谷水供给服务系统动力学模型的仿真值与实际值的相对误差较小，能实现较好拟合，并准确反映水供给服务情况，为实际仿真模拟提供可靠依据。

7.3.2 系统动力学模型的敏感性因素识别

敏感性因素的识别以政策分析为指导，通过分析建模目的、研究背景、系统因果关系等多方面内容来确定。通过系统分析，排除那些政策不易影响以及对水供给服务供需系统结构影响较小的参数。通过对水供给服务供需系统进行评估，排除对供水服务供需结构影响最小以及政策调控范围之外的参数后，确定了伊犁河谷水供给服务系统动力学模型的关键参数。具体包括：单位工业 GDP 用水量、单位第三产业 GDP 用水量、亩均灌溉用水量、城镇居民人均生活用水量和农村居民人均生活用水量共 5 个参数。在模型模拟过程中，调整敏感参数，将会对模型的运行结果产生较大影响。

7.4　情景设定与仿真模拟

7.4.1　情景设定

在水供给服务供需系统中，需水总量负向影响水资源安全指数，水资源安全指数随水资源需求量增加而降低。基于外部性理论，使用者容易忽视对水资源的可持续利用，而导致水资源浪费。水资源安全指数的提升需降低需求量，通过限制人类的无节制用水行为，对促进水供给服务可持续利用的意义重大。因此，本研究通过设置不同情景，探讨不同节水情景和基准情景下水供给服务的供需状况，对比分析出最有效的节水方案。为了更好的模拟伊犁河谷 2021—2035 年水供给服务供需系统变化情况，结合《新疆水资源公报》《伊犁州直高标准农田建设行动方案》《伊犁哈萨克自治州节水行动实施方案》和《新疆维吾尔自治区农业用水定额》等政策性文件内容的基础上，共设置了五种不同情景。

7.4.1.1　情景 1：基准情景

如表 7-3 所示，情景 1：基准情景，伊犁河谷地区未来的发展与当前保持一致，用水效率和社会发展结构不会发生较大变化，模型预测将以历史阶段得出的参数为基础。即 2021—2035 年单位工业 GDP 用水量、单位第三产业 GDP 用水量、亩均灌溉用水量、城镇居民人均生活用水量、农村居民人均生活用水量与 2020 年保持一致，分别取 43 米³/万元、5.3 米³/万元、553 米³/亩、220 升/（人·天）、142 升/（人·天）。

表 7-3 情景 1 下相关敏感参数值

敏感参数	单位工业 GDP 用水量 （米³/万元）	单位第三产业 GDP 用水量 （米³/万元）	亩均灌溉 用水量 （米³/亩）	城镇居民人均 生活用水量 升/（人·天）	农村居民人均 生活用水量 升/（人·天）
2021—2035 年	43	5.3	553	220	142

7.4.1.2 情景 2：农业节水情景

如表 7-4 所示，情景 2：农业节水情景，在情景 1 的基础上，调整参数：亩均灌溉用水定额调整为 2021 年、2025 年、2030 年、2035 年，分别为：553 米³/亩、500 米³/亩、450 米³/亩、400 米³/亩。

表 7-4 情景 2 下相关敏感参数值

敏感参数	单位工业 GDP 用水量 （米³/万元）	单位第三产业 GDP 用水量 （米³/万元）	亩均灌溉 用水量 （米³/亩）	城镇居民人均 生活用水量 升/（人·天）	农村居民人均 生活用水量 升/（人·天）
2021 年	43	5.3	553	220	142
2025 年	43	5.3	500	220	142
2030 年	43	5.3	450	220	142
2035 年	43	5.3	400	220	142

7.4.1.3 情景 3：二、三产业节水情景

如表 7-5 所示，情景 3：二、三产业节水情景，在情景 1 的基础上，将单位工业 GDP 用水量和单位第三产业用水量做调整。单位工业 GDP 用水量参数调整依次为：43 米³/万元、38 米³/万元、33 米³/万元、28 米³/万元；单位第三产业用水量参数调整依次为：5.3 米³/万元、3.3 米³/万元、1.3 米³/万元、0.9 米³/万元。

表 7-5 情景 3 下相关敏感参数值

敏感参数	单位工业 GDP 用水量 （米³/万元）	单位第三产业 GDP 用水量 （米³/万元）	亩均灌溉 用水量 （米³/亩）	城镇居民人均 生活用水量 升/（人·天）	农村居民人均 生活用水量 升/（人·天）
2021 年	43	5.3	553	220	142
2025 年	38	3.3	553	220	142
2030 年	33	1.3	553	220	142
2035 年	28	0.9	553	220	142

7.4.1.4　情景 4：生活节水情景

如表 7-6 所示，情景 4：生活节水情景，在情景 1 的基础上，将城镇居民人均生活用水量和农村居民人均用水量做调整。城镇居民人均生活用水量参数调整依次为：220 升/（人·天）、200 升/（人·天）、180 升/（人·天）、160 升/（人·天）；农村居民人均用水量参数调整依次为：142 升/（人·天）、120 升/（人·天）、100 升/（人·天）、80 升/（人·天）。

表 7-6　情景 4 下相关敏感参数值

敏感参数	单位工业GDP 用水量（米³/万元）	单位第三产业GDP 用水量（米³/万元）	亩均灌溉用水量（米³/亩）	城镇居民人均生活用水量升/（人·天）	农村居民人均生活用水量升/（人·天）
2021 年	43	5.3	553	220	142
2025 年	43	5.3	553	200	120
2030 年	43	5.3	553	180	100
2035 年	43	5.3	553	160	80

7.4.1.5　情景 5：综合节水情景

如表 7-7 所示，情景 5：综合节水情景，在情景 1 的基础上，调整参数亩均灌溉用水定额、单位工业 GDP 用水量和单位第三产业用水量、城镇居民人均生活用水量和农村居民人均用水量。

表 7-7　情景 5 下相关敏感参数值

敏感参数	单位工业GDP 用水量（米³/万元）	单位第三产业GDP 用水量（米³/万元）	亩均灌溉用水量（米³/亩）	城镇居民人均生活用水量升/（人·天）	农村居民人均生活用水量升/（人·天）
2021 年	43	5.3	553	220	142
2025 年	38	3.3	500	200	120
2030 年	33	1.3	450	180	100
2035 年	28	0.9	400	160	80

7.4.2　不同情景下伊犁河谷水供给服务配置模拟与调控

7.4.2.1　不同情景下伊犁河谷水资源安全指数模拟情况

如图 7-7 所示，从社会经济统计角度出发，利用统计年鉴计算及模拟得出 2015—2020 年验证期的伊犁河谷水资源安全指数为 0.02～0.04，水资源处于供大于求的盈余状态。在社会经济系统中，水资源管理政策的实施可以实现对水资源的有效调控，在自然生态系统水供给服务供给不足的情况下，通过综合利用地下水、地表水和污水回用等手段，增加水供给来源，缓解供需矛盾。

不同情景下，2021—2035 年伊犁河谷水资源安全指数均为 0～0.1，表明水供给略高于水需求，水供给服务整体处于一般盈余水平，但水资源安全指数值较低，存在走向供需赤字的风险，亟须实现对水供给服务的高效利用，以推动社会经济可持续发展。不同情景下，水资源安全指数存在差异，主要表现为：综合节水情景＞农业节水情景＞二、三产业节水情景＞生活节水情景＞基准情景。

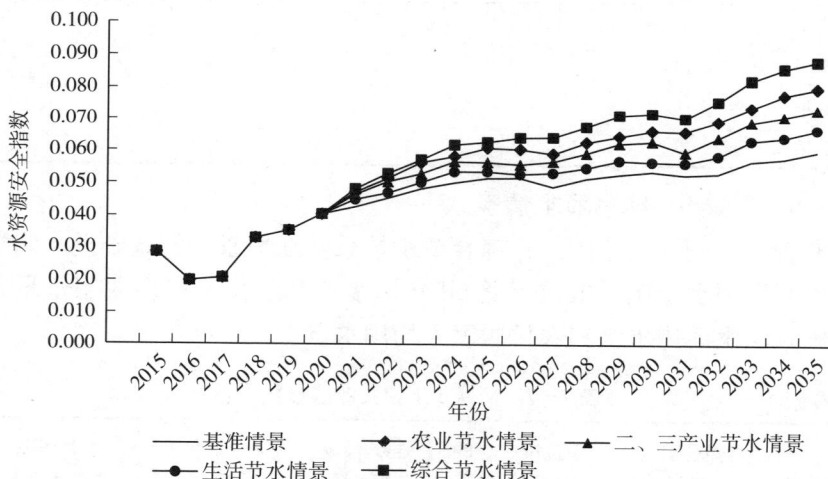

图 7 - 7　不同情景下伊犁河谷水资源安全指数变化情况

（1）基准情景下伊犁河谷水资源安全指数模拟情况

在基准情景下，2021—2035 年伊犁河谷水资源安全指数呈缓慢波动上升趋势，并于 2035 年达到 0.060。在生态文明建设背景下，不实施任何节水措施，随着时间推移，伊犁河谷水资源安全指数得到提升，但提升空间有限。

（2）农业节水情景下伊犁河谷水资源安全指数模拟情况

在农业节水情景下，2021—2035 年伊犁河谷水资源安全指数呈现快速波动上升趋势，并于 2035 年达到 0.080。一方面得益于 2023—2025 年

《伊犁州直高标准农田建设行动方案》，该方案指出 2025 年伊犁州直属县市将完成高效节水建设面积 322.52 万亩，节水量约 0.97 亿米³/年；另一方面，《伊犁哈萨克自治州国民经济和社会发展第十四个五年规划和 2035 年远景目标纲要》也提出调整用水结构，降低农业用水总量，推广节水灌溉、循环用水技术，强化农业用水管理。因此，农业节水潜力较大，能有效提升水资源安全指数，推进区域水安全。

（3）二、三产业节水情景下伊犁河谷水资源安全指数模拟情况

二、三产业节水情景下，2021—2035 年伊犁河谷水资源安全指数呈波动上升趋势，但其水平次于农业节水情景，2035 年水资源安全指数达到 0.073。可知农业节水效果比二、三产业节水效果显著，其原因主要在于，农业用水量较大，节水空间比二、三产业大。2035 年之后，经济发展更加成熟，二、三产业用水效率大幅提升，二、三产业节水可能超过农业节水效果，成为保障伊犁河谷水安全的关键所在。

（4）生活节水情景下伊犁河谷水资源安全指数模拟情况

生活节水情景下，2021—2035 年伊犁河谷水资源安全指数呈缓慢波动上升降趋势，并于 2035 年达到 0.067。生活节水明显低于农业和二、三产业的节水效果，主要原因在于，城镇居民人均用水量高于农村居民人均用水量，预计到 2025 年伊犁州直属城镇化率达 60%，城镇居民数量增加，生活用水量也将增加。

（5）综合节水情景下伊犁河谷水资源安全指数模拟情况

综合节水情景下，2021—2035 年水资源安全指数呈现快速波动上升的趋势，且一直高于基准情景、农业节水情景、二三产业节水情景和生活节水情景，综合节水情景下的节水效果最好，2035 年水资源安全指数达到 0.088。在综合节水情景下，伊犁河谷水供给服务局部供需矛盾将得到缓解，但水资源安全指数仍旧处于较低水平，水资源安全面临挑战，这也是干旱地区内陆河流域区域水资源"天花板效应"突出的有力证明，水资源具有明显的脆弱性。因此，仅从需求侧"节流"对水安全的促进作用有限，还需结合供给侧"开源"等措施，协同推进伊犁河谷水安全。

7.4.2.2　综合节水情景下伊犁河谷用水量变化

如图 7-8 所示，2021—2035 年在综合节水情景下，伊犁河谷地区总用水量呈波动下降趋势，综合节水效果比较明显，用水量由 2021 年 41.59×10^8 米^3 下降到 2035 年的 37.09×10^8 米^3，下降了 4.5×10^8 米^3。

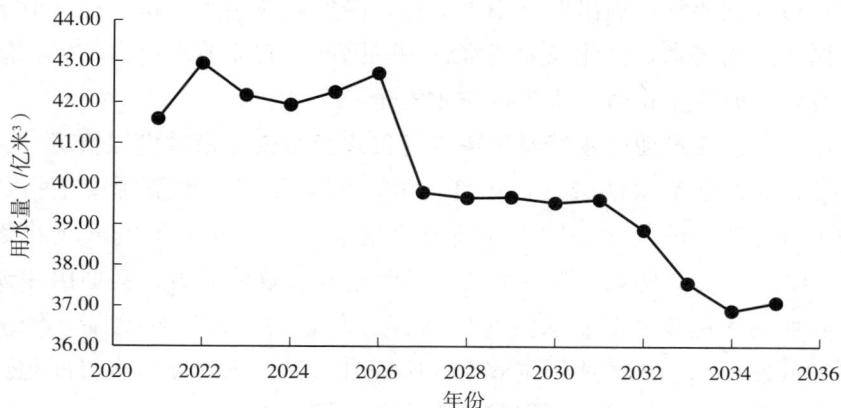

图 7-8　综合节水情景下伊犁河谷地区总需水量变化

（1）综合节水情景下伊犁河谷第一产业用水量变化

由图 7-9 可知，2021—2035 年第一产业用水量大致范围为：33×10^8 米^3～41×10^8 米^3。第一产用水量从 2021 年的 38.68×10^8 米^3 减少至 2035 年的 33.61×10^8 米^3。15 年共减少用水量 5.07×10^8 米^3，平均每年减少 0.338×10^8 米^3。可见，第一产业用水量较大，节水潜力也相对较大。

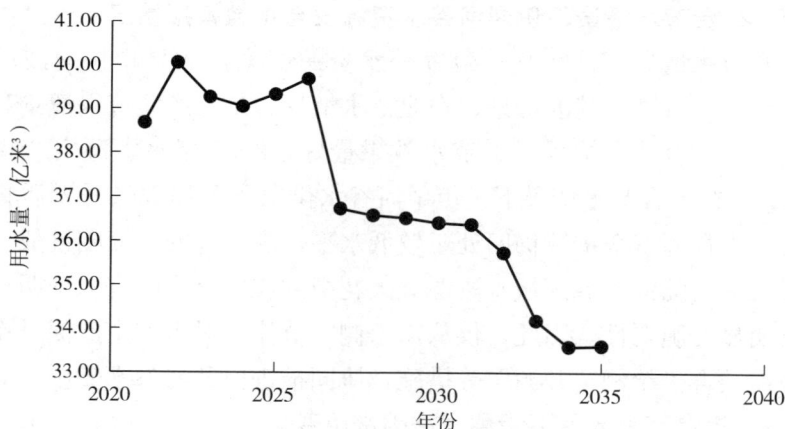

图 7-9　综合节水情景下伊犁河谷第一产业用水量变化

（2）综合节水情景下伊犁河谷第二产业用水量变化

由图 7-10 可知，2021—2035 年第二产业用水量为：0.55×10^8 米^3 ～ 0.40×10^8 米^3，且呈不断减少的趋势。2021—2025 年第二产业用水量为：0.55×10^8 米^3 ～ 0.50×10^8 米^3，由于工业用水定额的降低，用水量相应减少。2026—2030 年第二产业用水量为：0.47×10^8 米^3 ～ 0.49×10^8 米^3，2031—2035 年第二产业用水量为：0.47×10^8 米^3 ～ 0.40×10^8 米^3，用水量平均每 5 年减少 0.033×10^8 米^3。当工业发展到一定程度，工业技术不断改善，节水效果将更加明显。

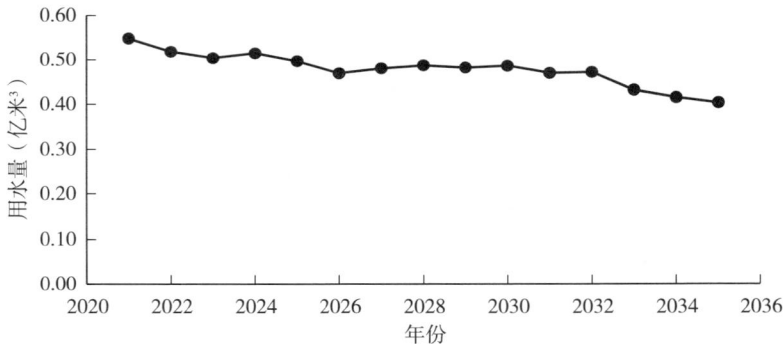

图 7-10　综合节水情景下伊犁河谷第二产业用水量变化

（3）综合节水情景下伊犁河谷第三产业用水量变化

由图 7-11 可知，2021—2035 年第三产业用水量为：0.28×10^8 米^3 ～

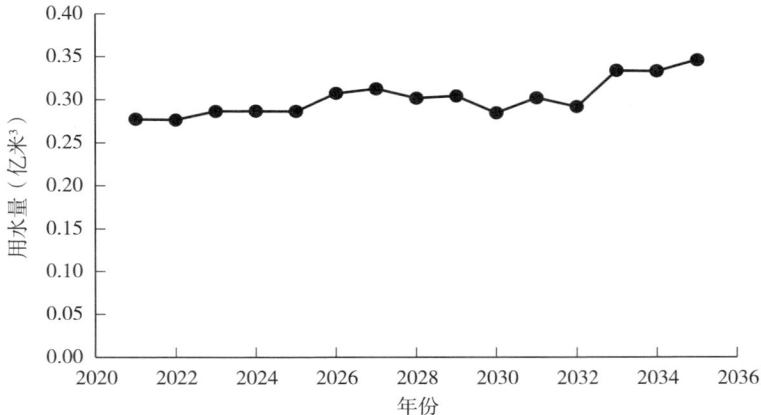

图 7-11　综合节水情景下伊犁河谷第三产业用水量变化

0.35×10^8 米³。第三产业耗水量相对较低，虽然实施了节约用水措施，然而随着第三产业的快速发展，未来的用水量仍呈现增加态势。

（4）综合节水情景下伊犁河谷生活和生态用水量变化

由图 7-12 可知，生活用水量较少，虽采取了节水措施，但随着经济增长，城镇化率提高，居民生活水平不断提升，生活用水量呈波动上升趋势，2021—2035 年生活用水量为：1.58×10^8 米³ ～ 2.12×10^8 米³。生态用水方面未采取节水措施，表现为 2015—2035 年生态用水量总体呈上升趋势，2021—2035 年生态用水量为：0.50×10^8 米³ ～ 0.61×10^8 米³。

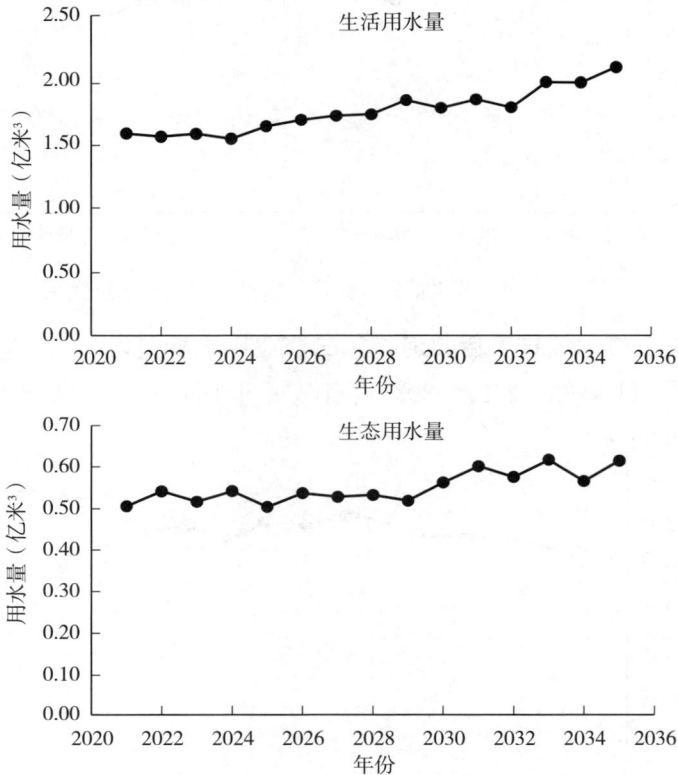

图 7-12　综合节水情景下伊犁河谷的生活和生态用水量变化

7.5　本章小结

本章以实现水供给服务可持续利用为前提，基于系统动力学理论，建立了伊犁河谷水供给服务系统动力学模型，该模型能较好地预测未来水供给服务安全状况。通过识别敏感性因素，调节参数设置了五种不同的情景，并分析了不同情景下水资源安全指数变化情况，筛选出水资源安全指数最高的情景，并预测了该情景下未来用水量的变化情况，以期为水供给服务最优调控方案的选择提供数据支撑，主要结论如下：

1）2021—2035 年伊犁河谷不同情景下水资源安全指数为 0～0.1，水供给略高于水需求，水供给服务处于一般盈余水平，但水资源安全指数值较低，存在走向供需赤字的风险，亟须采取综合措施调控水供给服务流，以推动区域可持续发展。不同情景下，水资源安全指数存在差异，具体表现为：综合节水情景＞农业节水情景＞二、三产业节水情景＞生活节水情景＞基准情景。

2）综合节水情景下，2021—2035 年伊犁河谷水资源安全指数呈快速波动上升的趋势，且一直高于基准情景、农业节水情景、二三产业节水情景和生活节水情景，其节水效果最好，2035 年水资源安全指数达到 0.088。水供给服务局部供需矛盾将得到缓解，但水资源安全指数仍旧处于较低水平，可见需求侧对水安全作用有限，除实施"节流"措施外，还需"开源"，还可从供给侧、协调供需关系等措施着手共同促进伊犁河谷水安全。

3）综合节水情景下，2021—2035 年伊犁河谷地区总需水呈波动下降趋势，节水效果比较明显，总需水量由 2021 年 41.59×10^8 米^3 下降到 2035 年 37.09×10^8 米^3。第一产业用水量平均每年减少约 0.338×10^8 米^3；第二产业用水量呈不断减少的趋势，平均每 5 年减少 0.033×10^8 米^3。2021—2035 年第三产业、生活和生态用水量呈波动上升趋势，依次为 0.28×10^8 米^3～0.35×10^8 米^3、1.58×10^8 米^3～2.12×10^8 米^3、0.50×10^8 米^3～0.61×10^8 米^3。

第8章 CHAPTER 8

研究结论与对策建议

本研究基于水供给服务流调控研究的逻辑框架，首先通过概念界定、理论基础、形成机理等理论分析回答了"什么是水供给服务流?"；其次基于县域尺度对水供给服务供给、需求及供需关系的时空异质性分析，回答了"水供给服务流是如何产生的?"；再次，基于子流域尺度对水供给服务的供给区、需求区、流量和流向等特征的探究，回答了"水供给服务是如何流动的?"；最后，基于研究区综合视角，通过构建水供给服务供需系统动力学模型，对水供给服务进行配置模拟与调控，回答了"未来水资源如何更安全?"。本章通过梳理上述研究内容，形成主要研究结论，并根据结论提出对策建议，指出本研究存在的不足和未来的研究方向。

8.1 研究结论

第一，伊犁河谷水供给服务供给具有明显的时空分异特征，不同土地利用类型的水供给服务供给量存在较大差异，水供给服务供给量波动与气候变化关系密切。2005—2020 年伊犁河谷的产水深度和产水量总体呈下降趋势，在空间上，产水深度整体呈现出"三足鼎立"的格局，产水服务波动性总体上呈"西北高于西南，东北低于东南"的对角线相似分布态势。2005—2020 年伊犁河谷西南部和东北部的产水服务总量明显高于西北部和东南部，峰值分布在西南部，谷值分布在西北部以伊宁市为核心的周边县市，具有明显的空间集聚特征。在单位面积平均产水能力和分布面积的双重影响下，不同土地利用类型的产水深度和产水总量存在较大差异，未利用地的产水总量位居第一，草地的产水总量位居第二。不同年份的产水量波动与气候变化密切相关，尤其是降水、气温和蒸散对产水量变化具有显著影响，而人口密度和人均 GDP 对产水量变化的影响不显著。

第二，伊犁河谷水供给服务需求主要来自生产和生活用水，亦具有明显的时空变化特征，城乡居民的水供给服务利用行为存在差异且受不同因素影响。2005—2020 年伊犁河谷水供给服务需求随时间变化呈波动下降趋势，其中 2015 年的需求量为 50.094 亿米³，2020 年的需求量为 46.261 亿米³，三大产业用水效率的提升在一定程度上降低了需求量。空间上看，伊宁县、霍城县、新源县、察县、尼勒克县的用水量相对丰富，远超其他县市。整体上一产用水占比最大，二产用水占比次之，三产用水占比最小，水供给服务主要用于一产、二产以及生活用水消耗。GDP、人口、耕地面积与水供给服务需求量的总体关联度均在 0.886 以上，处于强关联水平，对水供给服务需求量具有显著影响。农村居民的水供给服务利用行为略好于城市居民，其中农户的生产用水行为比生活用水行为更高效，牧户的生产和生活用水行为同等高效。居民水供给服务利用行为的城乡差异会因个体人口特征以及淡水认知水平等因素而有所差异，其中，性别、年龄、文化程度、家庭年收入以及淡水认知水平等变量对城乡居民水供给服务利用行为具有显著影响，而家庭常住人口对居民水供给服务利用行为的影响并不显著。

第三，伊犁河谷水供给服务的"供—需"耦合、平衡及匹配关系具有明显的时空差异特征，形成了水供给服务空间流动的供需梯度势差。一是 2005—2020 年伊犁河谷水供给服务"供—需"耦合协调性逐渐减弱，耦合协调呈现出失调状态，且向协调状态发展较为艰难。伊犁河谷各县市逐步走向失调状态，且向更低失调类型发展的县、市增多。协调类型均呈现出"失调→协调→失调"的"非同向"阶段变化特征；耦合协调类型空间分布上呈现出"上游强于中游""西南部高于东北部"的特征。二是 2005—2020 年伊犁河谷水资源安全指数总体上呈"先上升后下降"趋势，其中 2005 年、2015 年、2020 年水供给服务处于供需赤字状态；2010 年处于供需盈余状态；表现为"一般赤字→一般盈余→一般赤字→一般赤字"的阶段变化特征。2005—2020 年伊宁市、伊宁县、霍城县、察县和新源县始终处于供需赤字状态，尼勒克县、特克斯县、昭苏县和霍尔果斯市（2020 年）始终处于盈余状态。三是伊犁河谷水供给服务以"低供给—高需求""低供给—低需求"和"高供给—低需求"三种供需匹配类型为主。水供给服务供需匹配类型在不同县市存在空间异质性和时间变异性；且呈现出东、西、中的空间差异，匹配类型相同的县市在空间上存在"邻近效应"，生产结构具有相似性。草原畜牧区以"高供给—低需求"匹配类型为主，而农业灌溉区以"低供给—高需求"为主。四是水供给服务供需关系变化是由于供给量下降幅度大于需求量下降幅度，但个别县市的水供给服务供需变化与整体变化存在差异。水供给服务供需关系变化是供水、用水以及区域水治理综合作用的结果。

第四，2005—2020 年伊犁河谷子流域尺度水供给服务的供给量和需求量均呈"先上升后下降"变化趋势，低供给和低需求的子流域数量均"先减少后增加"，而高供给子流域数量"先增加后减少"；高需求子流域的数量在不断增加，且低供给子流域与高需求子流域重合。2005—2020 年伊犁河谷水供给服务供给区的子流域数量始终大于或等于需求区的子流域数量，水供给服务在整体上处于供大于求状态。供应能力为 0.01～0.15 水平的供给区数量占比较大，供应能力在 0.5～1 水平的供给区占比较少，虽然总体上水供给服务的供给区数量多于需求区，但供给区的供应能力水平偏低，当极端气候变化（干旱）发生时，水资源安全将面临威胁。水供给服务流产生于供应能力高的供给区，且供应能力越高的子流域汇流量越大，流量的等级也越高。低服务流汇集形成中服务流，中服务流汇集形成高服务流，低服务流和中服务流均位于子流域内部；高服务流跨越相邻子流域单元将供给区与需求区连接在一起。伊犁河谷水供给服务流的流向并未因为水供给服务流量的富余程度而发生改变，主要有三个流动方向，且正好与伊犁河三大主要支流重合。

第五，2021—2035 年伊犁河谷不同情景下水资源安全指数为 0～0.1，水供给略高于水需求，水供给服务处于一般盈余水平，但水资源安全指数较低，存在走向供需赤字的风险，亟须采取综合措施调控水供给服务流，以推动区域可持续发展。不同情景下，水资源安全指数存在差异，具体表现为：综合节水情景＞农业节水情景＞二、三产业节水情景＞生活节水情景＞基准情景。综合节水情景下，2035 年伊犁河谷水资源安全指数达到

0.088，节水效果最好。该情景下，总需水量由 2021 年 41.59×10^8 米^3 下降到 2035 年 37.09×10^8 米^3；第一产业用水量平均每年减少约 0.338×10^8 米^3；第二产业用水量呈不断减少的趋势，平均每 5 年减少 0.033×10^8 米^3。值得注意的是，第三产业、生活和生态用水量相对较少，且用水量呈波动上升趋势，是未来实现高效用水需要重点关注的方面。

8.2　对策建议

8.2.1　供给侧——保护生态，完善供水设施

8.2.1.1　加强生态源地保护，增加生态系统服务供给

良好的生态系统是生态系统服务的供给基础，伊犁河谷水供给服务与河谷生态环境息息相关。应加强实施退耕还林、禁牧还草等生态保护政策，加强森林和草原的生态功能恢复提升。特别是需要重点保护昭苏县 58 号、59 号、60 号、61 号子流域和特克斯县 50 号、56 号、57 号子流域以及尼勒克县 27 号子流域等水供给服务供给能力较强子流域的自然生态环境，改善伊犁河谷三大主支发源地区域的生态条件。保护流域源头区的生境状况对增强下游地区的生态活力至关重要。健全伊犁河沿岸生态防护体系，加强喀什河、特克斯河、巩乃斯河主支及中小支流两岸的生态绿化工作，通过人工植树造林，提升森林覆盖率，增加生态容量，构筑护岸屏障。加强对区域内中小河流的污染治理，严格排查生产污水和生活污水的超标排放和直接排放问题。引导居民加入维护流域生态和水质环境的行动中，由各县市社区、村委会牵头，组织城乡居民参与"爱护伊河，我在行动"主题系列活动，让居民意识到流域生态环境的重要价值。

8.2.1.2　完善农田水利设施建设，加强水利设施日常管护

各县成立高标准农田水利建设的专项保障资金，加大地方财政投入，解决国家建设资金到账滞后的问题，保障高效节水农田建设项目有序开展实施。高度重视农田水利基础设施的管护工作，设置农田水利管护岗位，选拔责任心强、能力突出的农户个人或者合作社代理人任职，并组织管护人员定期参加农田水利设施使用和管理的专业培训。通过召开田间现场会，向农民普及农田水利基础设施的优势和日常使用注意事项，引导广大

农民树立水资源宝贵观念，增强水资源忧患意识。

8.2.1.3 完善生活供水工程建设，提升日常检修效率

由州财政拨款设立居民饮用水安全项目专项管理基金，并开设专门账户，专款专用。该项管理资金主要用于伊犁河谷地区集中供水工程中消毒药物的分配和投送，自来水运行设备的现代化升级改造以及管理人员的培训和供水管网维修等方面。提高供水管网抢修速度，缩短停水时间，加强管护人员与居民之间的沟通，及时准确获得供水管网漏水反馈信息，第一时间赶往现场开展抢修工作，在节约水资源的同时，保证居民安全饮水。加大对供水站的监管力度，定期对供水站设备和水质进行抽检等，为居民饮用安全的水源保驾护航。

8.2.2 需求侧——综合节水，高效利用

8.2.2.1 实施科学灌溉，提高农业灌溉效率

持续推进高标准农田建设进程，逐步提升农田高效节水比例。伊犁河谷各县市依据高标准农田建设要求，制定年度推进目标，逐步实现该地区完全利用节水浇灌技术的目的，发挥节水增产功能。根据各县市的耕地面积、农作物种类和数量等，设计不同灌溉模式；依据农田耕种时期和农作物生长的不同阶段灵活选择适宜的灌溉模式。按照农作物的生长周期、当地气候条件以及当前土壤含水量情况来调整合适的灌溉时间和水量。例如玉米作物在7—8月生长期需水量较高，应适当增大灌溉水量，降水较多时期可适当缩减灌溉时间，而干旱时期则适当延长灌溉时间。严格监控农作物的生长情况，保证农作物能够获得足够的水分。正确铺设保水地膜，降低土壤中水分的蒸发速度，帮助涵养水源，达到节约用水目的。

8.2.2.2 加强工业节水，提高工业用水效率

大力推广工业节水装备，提高企业节水技术水平。积极推广应用具有良好节水效果的新型生产技术、工艺和设备，坚决淘汰高耗水的落后生产技术、工艺和设备，鼓励企业采用先进的节水型器具和设备。结合国家产业政策，加大产业结构调整力度，促进新材料、新能源、节能环保、电子信息、生物医药等节水型产业的发展，注重培养低用水量、高效率和高附加值生产的企业。强化示范带动，打造工业节水典型标杆企业。大力支持

企业实施可持续和高效的节水措施，尤其重视工业节水和废水循环利用，促进工业绿色高质量转型升级和循环化改造，引导高耗水企业按照标准对废水进行深度处理和达标后回用。从而减少新水使用量，提升用水效率。

8.2.2.3 倡导居民生活节水，提高生活用水效率

积极开展节水宣传，引导居民树立科学的节水态度，掌握节水技能。借助微信、抖音、快手等宣传平台，加大对节约用水公益短视频的推送频率；在社区公告栏张贴节水宣传海报、标语，印发节水知识宣传手册；开设节水共享课堂，分享家庭节水小技巧。努力营造全民节水的良好氛围，增强居民参与节水行动的积极性。针对城市居民废水重复利用难的问题，通过节水技术改进，实现对洗菜水、洗衣水的再存储、再利用。积极在农村地区推广节水设施，加大节水用具推广力度，加强对节水产品的管理，实施节水补贴价格，减轻居民购买节水设备的经济负担。为购买节水设备的居民提供指导使用服务，并定期上门对居民进行培训，不断提高居民的自我效能感，协助村民保持节水习惯。

8.2.3 协调供需——统筹治理，分区施策

伊犁河谷水供给服务"供—需"状况空间异质性，供给区和需求区差异分布。为实现区域可持续发展目标，有必要进行生态分区管理。基于县域尺度水供给服务供需匹配关系分析，以及子流域尺度对水供给服务的供给区和需求区的识别结果，并结合《伊犁州直生态环境保护总体规划（2014—2030）》、伊犁河谷社会经济和自然地理条件，从区域统筹发展与生态管理角度对该地区进行生态管理分区，共分为三大区域：生态涵养区、生态调控区及生态改良区。

8.2.3.1 划定生态涵养区

伊犁河谷西南部和东部地区，即昭苏县 58 号、59 号、60 号、61 号、62 号子流域，特克斯县的 50 号、54 号、56 号、57 号子流域及尼勒克县的 26 号、27 号子流域区域的山地、林地和草原是"高供给—低需求"的生态涵养区，作为伊犁河的源头，发挥着"水塔"功能。对此应采取措施，降低生态压力，提升生态系统涵养水源的能力。昭苏县、特克斯县、尼勒克县应继续推行退耕还林政策，加大人工林种植面积，增加森林覆盖

率；实施严格的草畜平衡制度，实施草场划区休牧、阶段性禁牧和季节性轮牧，恢复草原涵养水源功能；加强草原防火、灭鼠灭蝗防治，维持生态平衡。

8.2.3.2 划定生态调控区

伊犁河谷中部和西部的农业灌区，即伊宁县的 5 号和 14 号子流域，察县的 16 号、18 号和 23 号子流域，霍城县的 2 号、3 号子流域，新源县的 33 号和 35 号子流域以及伊宁市的 7 号和 19 号子流域是"低供给—高需求"的生态调控区域。伊宁县、察县、霍城县、新源县作为水供给服务的最大占耗区，应以实现水供给服务的高效利用为主。通过平整地形、降低地面坡度、土壤培肥等生物工程措施，改善土地坡度，增强土壤肥力、土壤质地等可调控指标，提升生态系统服务质量。推广高效节水的喷灌、管灌等节水农业种植技术，推进水肥一体化建设，减少农业生产用水量；适当调整优化农业种植结构和规模，优化水资源和作物种植结构的匹配度。

8.2.3.3 划定生态改良区

伊犁河谷中部，即巩留县的 30 号、31 号和 32 号子流域区域是以"低供给—低需求"为主的生态改良区域，重点在于改善生态系统功能。需要充分利用生态系统的自我修复能力，在确保现有植被不受破坏的前提下，通过实施人工种草、植树造林、建设农田防护林等一系列措施，迅速提升县域植被覆盖率。在用水结构上，严格控制灌溉面积，调整用水比例，保障生态用水，提升植被成活率。

8.3 研究不足与展望

8.3.1 本研究存在的不足

第一，受调查条件所限，本研究共回收有效调查样本 789 份，在地域空间上涵盖了伊犁河谷地区的 8 县 2 市，虽然能够较好地满足统计分析方法对数据和样本量的要求，但各县市样本量分布仍存在差异，尤其对伊宁县、霍城县和霍尔果斯市的调研样本数量相对较少。

第二，数据精度有待提升。一方面，本研究在第 3 章研究内容中利用

InVEST 模型的产水模块计算了水供给服务量，其中涉及相关数据的分辨率为 1 千米，而在第 6 章子流域尺度探究水供给服务空间流动时，水供给服务需求的空间化数据为 90 米的分辨率，为了使数据在空间尺度上相匹配，对各类栅格数据进行栅格数据重采样，使其栅格单元得到统一，在这个过程中，数据精度将受到影响。另一方面，第 7 章水供给服务供需系统动力学模型中使用的数据均来自 2016—2021 年的《新疆统计年鉴》，但 2019 年和 2020 年统计口径发生变化，为了获得伊犁河谷地区（8 县 2 市）的相关数据，在已有数据基础上进行了处理，所得数据与实际情况存在一定偏差。

第三，生态系统服务类型多样，其空间流动范围从局地到全球相互作用。生态系统服务流按照空间分类可分为：原位服务流、全向服务流和定向服务流。水供给服务流只是定向服务流的一种类型，本研究仅对水供给服务流的调控展开了探究，尚未涉及碳封存服务流、水质调节服务流、粮食生产服务流、文化服务流等重要生态系统服务流的研究。

8.3.2　研究展望

第一，扩大调研的地理空间范围，延长调研时间。通过开展覆盖更大地理区域和样本特征更均匀的大规模抽样调查活动，提高所收集样本数据的代表性。着重增加对伊宁县、霍城县和霍尔果斯市的调研样本量，以补充本研究的样本量。探讨不同地区城镇居民水供给服务利用行为特征，进一步对不同地域的样本进行差异分析。

第二，切换研究对象，生态系统服务功能的重点不仅仅在"水"生态上，其他生态系统服务功能也同样重要，如文化服务、气候调节服务以及生物多样性等。因此，在未来研究中还应对其他生态系统服务流展开研究，从而实现伊犁河谷生态系统可持续健康协调发展。

第三，丰富研究内容，水供给服务供需空间的异质性引起的水资源在空间上分配的不公平问题同样值得深究。以水供给服务的全部生态价值作为生态补偿额度的参考标准，容易造成补偿区域与额度不合实际，若从水供给服务流视角讨论流域生态补偿机制，更有助于客观划分补偿区域，科学核算补偿标准。

附录1 城市居民淡水供给现状、利用行为及认知调查

您好！本人系新疆农业大学经济管理学院的博士研究生，为研究伊犁河流域淡水供给服务流情况，特在此处开展调研活动。问卷中所有信息仅供科学研究使用。感谢您的支持与配合！

_____市_____街道_____乡镇（乡）

一、户主个人及家庭基本信息（未标明多选的均是单选，请在对应选项前的方框内打"√"）

民 族	□汉族 □哈萨克族 □维吾尔族 □蒙古族 □回族 □其他____
性 别	□男 □女
年 龄	□16岁以下 □16~45岁 □45~59岁 □60岁及以上
受教育程度	□小学及以下 □初中 □高中/中专 □本科/大专 □研究生
职 业	□农、林、牧、渔各业 □公司普通员工 □商业、服务人员 □企事业管理人员 □个体从业者 □公务员 □学生 □科、教、文、卫从业者 □军人 □其他____
家庭年收入	□5万元以下 □5万~10万元 □11万~15万元 □16万~20万元 □20万元以上
家庭人口	您家中常住人口有____人，参加劳动或工作有____人
水量/费用	您家每年用水总量约____米³，费用____元

二、淡水供给现状及用水习惯

1. 您家每年停水8小时及以上的次数：□3次以下 □3~6次 □6次以上

2. 您家自来水水压情况：□正常稳定 □太低 □不稳定

3. 您家生活用水价格：□1.5 元/米³ 以下　□1.6～2.9 元/米³　□3.0～4.5 元/米³

4. 您家若有商铺，其用水价格为：□1.5 元/米³ 以下　□1.6～2.9 元/米³　□3.0～4.5 元/米³

5. 您家自来水硬度如何？□极硬　□硬　□中等　□软　□极软

6. 您家自来水的颜色和杂质情况：□清澈无杂质　□清澈有杂质　□浑浊无杂质　□浑浊有杂质

7. 在恶劣天气过后，水质会发生浑浊吗？　□从未有过　□很少会有　□有时会有　□经常会有　□总会有

8. 您家自来水中有难闻的气味吗？□从未有过　□很少会有　□有时会有　□经常会有　□总会有

9. 是否有家人患因水质引发的地方病（如胆结石、尿结石）？□是　□否

10. 您家参与节约用水的意愿如何？（□非常愿意　□比较愿意　□一般　□不愿意　□非常不愿意

11. 节水行为：

序号	淡水利用行为描述	总是	经常	偶尔	较少	从不
（1）	会在日常生活中做到尽可能的减少用水量	5	4	3	2	1
（2）	会将废水重复利用，如用洗衣水冲厕所、拖地，洗菜水浇花等	5	4	3	2	1
（3）	会维修马桶、水池、水龙头或水管接头漏水	5	4	3	2	1
（4）	会选购具有节水功能的器具	5	4	3	2	1
（5）	会攒够足量的衣服一起洗	5	4	3	2	1

三、淡水认知

序号	淡水认知	非常同意	比较同意	一般	有点不同意	非常不同意
（1）	降水（雨、雪）是伊犁河流域水资源的重要来源	5	4	3	2	1
（2）	用水 100 吨要排放 72 千克碳，浪费水会增加碳排放，引发气候变化	5	4	3	2	1

（续）

序号	淡水认知	非常同意	比较同意	一般	有点不同意	非常不同意
（3）	我了解自家生活用水的水源地位置和分布情况	5	4	3	2	1
（4）	伊犁河流域的自然生态环境较好，水量充足	5	4	3	2	1
（5）	我了解自家生活用水水源地的保护等级及其要求	5	4	3	2	1
（6）	我知道生活中的一些行为会污染水源	5	4	3	2	1
（7）	城市绿地用水充足供应是创造良好城市生态环境的基础	5	4	3	2	1
（8）	城市居民应该比农村居民支付更高的水价	5	4	3	2	1
（9）	伊犁河流域的城市供水效率较高	5	4	3	2	1
（10）	减少用水是保护环境的一种方法	5	4	3	2	1
（11）	节约用水是文明和有教养的象征	5	4	3	2	1
（12）	我了解并在生活中运用了节水小技巧	5	4	3	2	1
（13）	我了解节水型器具及相关补贴政策	5	4	3	2	1
（14）	淡水是一种非常重要且紧缺的自然资源	5	4	3	2	1
（15）	伊犁河丰富的淡水资源，成就了伊犁州塞外江南的美名	5	4	3	2	1
（16）	水源地保护行动是喝上放心水、健康水的重要保障	5	4	3	2	1
（17）	水质优劣与居民身体健康息息相关	5	4	3	2	1
（18）	定期开展水污染检测工作，让我们更放心	5	4	3	2	1
（19）	水价调整有利于推进节能减排，提升环境质量	5	4	3	2	1
（20）	供水能力关系着居民生活品质	5	4	3	2	1
（21）	家庭节水对解决供水危机很重要	5	4	3	2	1
（22）	节约用水会显著地减少家庭水费支出	5	4	3	2	1
（23）	居民节水行为有利于淡水资源高效利用	5	4	3	2	1

再次感谢您的支持与配合！

附录 2　农户淡水供给现状、利用行为及认知调查

您好！本人系新疆农业大学经济管理学院的博士研究生，为了解伊犁河流域农业种植户对淡水供给服务的需求及行为情况，特在此处开展调研活动。问卷中所有信息仅供科学研究使用。感谢您的支持与配合！

_____县（区）_____乡镇（乡）_____村

一、户主个人及家庭基本信息（未标明多选的均是单选，请在对应选项前的方框内打"√"）

民　族	□汉族　□哈萨克族　□维吾尔族　□蒙古族　□回族　□其他____
性　别	□男　□女
年　龄	□16 岁以下　□16～45 岁　□46～59 岁　□60 岁及以上
受教育程度	□小学及以下　□初中　□高中/中专　□本科/大专　□研究生
家庭年收入	□5 万元以下　□5 万～10 万元　□11 万～15 万元　□16 万～20 万元　□20 万元以上
收入来源（多选题）	□种地　□养殖畜禽　□蔬菜大棚　□林果种植　□建筑　□个体　□开小商店　□外出打工　□其他
家庭人口	您家中常住人口有____人，参加劳动或工作有____人
水量/费用	您家每年生活用水量约____米^3，费用____元；每年灌溉用水量约____米^3，费用____元

二、淡水供给现状及用水习惯

（一）农户生产用水

1. 您家目前种植的耕地有____块，共____亩；其中：

（1）是否租赁他人土地？□是　□否；若是，租入____亩。

（2）自家耕地是否对外出租？□是　□否；若是，租出____亩。

（3）自家耕地是否对外托管？□是　□否；若是，托管出____亩。

托管给谁：□种植大户　□专业合作社　□龙头企业　□亲戚朋友 □其他____。

（4）您是否为其他农户提供托管服务？□是　□否，若是，托管入 ____亩。

2. 您家种植的作物种类（多选题）：□玉米____亩；□青贮玉米； □水稻____亩；□小麦____亩；□甜菜____亩；□油料（葵花籽）____ 亩；□其他____。

3. 您家地块的土壤类型占比：□沙土地____％，□壤土地____％， □黏土地____％，□碱土地____％。

4. 您家农业灌溉用水主要来源：□井水　□水库　□河水　□其 他____。

5. 您家农业灌溉方式：□喷灌　□滴灌　□微灌　□渗灌　□漫灌。

6. 您家农业灌溉用水价格？____元/亩。

7. 农户生产节水行为（根据实际情况在相应数字上打"√"）：

序号	淡水利用行为描述	总是	经常	偶尔	较少	从不
（1）	会在灌溉过程永久监控	5	4	3	2	1
（2）	会根据农作物的需水性调整浇水量	5	4	3	2	1
（3）	会根据地块的土壤类型调整浇水量	5	4	3	2	1
（4）	会经常查看并修复磨损的灌溉渠道	5	4	3	2	1
（5）	会通过覆盖地膜保水节水	5	4	3	2	1
（6）	会选种抗旱作物以减少灌溉次数或灌溉用水量	5	4	3	2	1
（7）	会选择使用滴灌、喷灌及土壤保水剂等节水技术以实现节水	5	4	3	2	1
（8）	会通过深耕松土的方式节约灌溉用水	5	4	3	2	1
（9）	会选择作物关键需水期浇水	5	4	3	2	1
（10）	会增施有机肥增加土壤保水能力	5	4	3	2	1

（二）农户生活用水

1. 您家生活饮用水主要来源？□自来水　□井水

2. 您家是否安装水表？□是　□否

3. 您家会在附近的河流中洗衣服、洗拖把吗？□是　□否

4. 您家院子种植的果树和蔬菜如何浇水？□井水　　□自来水　　□河水，隔____天浇水一次

5. 您家通过什么途径缴纳家用水费？□有人来收　　□自己去缴费点交费　　□通过银行缴费　　□通过各类 APP 缴费

6. 您家交水费的模式：□按月收一次　　□隔几个月收一次　　□每年收一次

7. 您家每年停水 8 小时及以上的次数：□3 次及以下　　□4～6 次　　□7～9 次　　□10～12 次　　□13 次及以上

8. 您家自来水水压情况：□正常稳定　　□太低　　□不稳定

9. 您家生活用水价格：□1.5 元/米³ 以下　　□1.6～2.9 元/米³　　□3.0～4.5 元/米³ 或者_____元/（人·月）

10. 您家自来水硬度如何？□极硬　　□硬　　□中等　　□软　　□极软

11. 您家自来水的颜色和杂质情况：□清澈无杂质　　□清澈有杂质　　□浑浊无杂质　　□浑浊有杂质

12. 在恶劣天气过后，水质会发生浑浊吗？□从未有过　　□很少会有　　□有时会有　　□经常会有　　□总会有

13. 您家自来水中有难闻的气味吗？□从未有过　　□很少会有　　□有时会有　　□经常会有　　□总会有

14. 是否有家人患因水质引发的地方病（如胆结石、尿结石）？□是　　□否

15. 您家冬季是否能正常饮水？□是　　□否

16. 农户生活节水行为（根据实际情况在相应数字上打"√"）：

序号	淡水利用行为描述	总是	经常	偶尔	较少	从不
（1）	会在日常生活中做到尽可能的减少用水量	5	4	3	2	1
（2）	会将废水重复利用，如用洗衣水冲厕所、拖地，洗菜水浇花等	5	4	3	2	1
（3）	会检查水池、水龙头或水管接头的漏水情况	5	4	3	2	1
（4）	会选购具有节水功能的器具	5	4	3	2	1
（5）	会攒够足量的衣服一起洗	5	4	3	2	1
（6）	会在庭院种植耐旱蔬菜品种	5	4	3	2	1
（7）	会在早晨或傍晚给庭院菜地浇水	5	4	3	2	1

三、淡水认知、情感、价值观以及满意度

序号	淡水认知	非常同意	比较同意	一般	有点不同意	非常不同意
（1）	降水（雨、雪）是伊犁河流域水资源的重要来源	5	4	3	2	1
（2）	用水 100 吨要排放 72 千克碳，浪费水会增加碳排放，从而引发气候变化	5	4	3	2	1
（3）	我了解自家生活用水的水源地位置和分布情况	5	4	3	2	1
（4）	伊犁河流域的自然生态环境较好，水量丰富	5	4	3	2	1
（5）	我了解自家生活用水水源地的保护等级及其要求	5	4	3	2	1
（6）	我知道生活中的一些行为会污染水源（河里洗衣服）	5	4	3	2	1
（7）	我知道农业生产中的一些行为会污染水源（农药和化肥）	5	4	3	2	1
（8）	我知道生活用水和生产用水水价标准及其调整情况	5	4	3	2	1
（9）	伊犁河流域的农村供水效率较高	5	4	3	2	1
（10）	减少用水是保护环境的一种方法	5	4	3	2	1
（11）	节约用水是文明和有教养的象征	5	4	3	2	1
（12）	我了解并在生活中运用了节水小技巧	5	4	3	2	1
（13）	我了解并在农业生产中运用了节水技能	5	4	3	2	1
（14）	我了解节水型器具及相关补贴政策	5	4	3	2	1
（15）	我了解农业水价改革精准补贴和节水奖励办法	5	4	3	2	1
（16）	淡水是一种非常重要且紧缺的自然资源	5	4	3	2	1
（17）	伊犁河丰富的淡水资源，成就了伊犁州塞外江南的美名	5	4	3	2	1
（18）	水源地保护行动是喝上放心水、健康水的重要保障	5	4	3	2	1
（19）	水质优劣与居民身体健康息息相关	5	4	3	2	1
（20）	定期开展水污染检测工作，让我们更放心	5	4	3	2	1
（21）	水价调整有利于推进节能减排，提升环境质量	5	4	3	2	1
（22）	供水能力影响着家庭生活品质	5	4	3	2	1
（23）	供水能力影响着家庭生产决策	5	4	3	2	1

再次感谢您的支持与配合！

附录 3 牧户淡水供给现状、利用行为及认知调查

您好！本人系新疆农业大学经济管理学院的博士研究生，为了解伊犁河流域牧区居民对淡水供给服务的需求及行为情况，特在此处开展调研活动。问卷中所有信息仅供科学研究使用。感谢您的支持与配合！

_____县（区）_____乡镇（乡）_____村

一、户主个人及家庭基本信息（未标明多选的均是单选，请在对应选项前的方框内打"√"）

民　族	□哈萨克族　□维吾尔族　□蒙古族　□回族□汉族□其他____
性　别	□男　□女
年　龄	□16 岁以下　□16～45 岁　□46～59 岁　□60 岁及以上
受教育程度	□小学及以下　□初中　□高中/中专　□本科/大专　□研究生
家庭年收入	□5 万元以下　□5 万～10 万元　□11 万～15 万元　□16 万～20 万元　□20 万元以上
收入来源	□牲畜养殖　□外出打工　□参与旅游经营　□旅游公司上班　□其他____（可多选）
家庭人口	您家中常住人口有____人，参加劳动或工作有____人
牲畜养殖	□牛____头；□绵羊____只；□山羊____只；□马____匹；□其他____
水量/费用	您家每年生活用水量约____米^3，费用____元；每年生产用水量约____米^3，费用____元

二、淡水供给现状及用水习惯

1. 您家生活用水的主要来源？□井水　□自来水

2. 您家喂养牲畜用水的主要来源？□井水　□自来水　□河水

3. 您家是否安装水表？□是　□否

4. 您家是否会在附近的河流中洗衣服、洗拖把？□是　□否

5. 您家院子种植的果树和蔬菜如何浇水？□井水　□自来水　□河水，隔____天浇水一次

6. 您家通过什么途径缴纳家用水费？□有人来收　□自己去缴费点交费　□通过银行缴费　□通过各类 APP 缴费

7. 您家交水费的模式：□按月收一次　□隔几个月收一次　□每年收一次

8. 您家每年停水 8 小时及以上的次数：□3 次及以下　□4～6 次　□7～9 次　□10～12 次　□13 次及以上

9. 您家自来水水压情况：□正常稳定　□太低　□不稳定

10. 您家生活用水价格：□1.5 元/米³ 以下　□1.6～2.9 元/米³　□3.0～4.5 元/米³ 或者_____元（人·月）

11. 您家生活用水硬度如何？□极硬　□硬　□中等　□软　□极软

12. 生活用水的颜色和杂质情况：□清澈无杂质　□清澈有杂质　□浑浊无杂质　□浑浊有杂质

13. 劣天气过后，水质会发生浑浊吗？□从未有　□很少会有　□有时会有　□经常会有　□总会有

14. 您家生活用水中有难闻的气味吗？□从未有　□很少会有　□有时会有　□经常会有　□总会有

15. 是否有家人患因水质引发的地方病（如胆结石、尿结石）？□是　□否

16. 您家冬季是否能正常饮水？□是　□否

17. 牧户的生产和生活节水行为（根据实际情况在相应数字上打"√"）：

序号	淡水服务利用行为及习惯描述	总是	经常	偶尔	较少	从不
(1)	会在牲畜饮水过程中全程监控	5	4	3	2	1
(2)	会根据牲畜的品种、体重、采食量、气温来调整饮水量	5	4	3	2	1
(3)	会在日常生活中做到尽可能的减少用水量	5	4	3	2	1
(4)	会将废水重复利用，如用洗衣水冲厕所、拖地，洗菜水浇花等	5	4	3	2	1

（续）

序号	淡水服务利用行为及习惯描述	总是	经常	偶尔	较少	从不
（5）	会检查水池、水龙头或水管接头的漏水情况	5	4	3	2	1
（6）	会选购具有节水功能的器具	5	4	3	2	1
（7）	会攒够足量的衣服一起洗	5	4	3	2	1
（8）	会在庭院种植耐旱蔬菜品种	5	4	3	2	1
（9）	会在早晨或傍晚给庭院菜地浇水	5	4	3	2	1

三、淡水认知

序号	淡水认知	非常同意	比较同意	一般	不同意	非常不同意
（1）	降水（雨、雪）是伊犁河流域水资源的重要来源	5	4	3	2	1
（2）	用100吨水要排放72千克碳，浪费水会增加碳排放，从而引发气候变化	5	4	3	2	1
（3）	我了解自家生活用水的水源地位置和分布情况	5	4	3	2	1
（4）	伊犁河流域的自然生态环境较好，水量丰富	5	4	3	2	1
（5）	我了解自家生活用水水源地的保护等级及其要求	5	4	3	2	1
（6）	我知道生活中的一些行为会污染水源（河水里洗衣服）	5	4	3	2	1
（7）	我知道畜牧生产中的一些行为会污染水源（牲畜粪污）	5	4	3	2	1
（8）	我知道生活用水水价标准及其调整情况	5	4	3	2	1
（9）	伊犁河流域的农村供水效率较高	5	4	3	2	1
（10）	减少用水是保护环境的一种方法	5	4	3	2	1
（11）	节约用水是文明和有教养的表现	5	4	3	2	1
（12）	我了解并在生活中运用了节水小技巧	5	4	3	2	1
（13）	我了解并在畜牧业生产中运用了节水技能	5	4	3	2	1
（14）	我了解节水型器具及相关补贴政策	5	4	3	2	1
（15）	淡水是一种非常重要且紧缺的自然资源	5	4	3	2	1
（16）	伊犁河丰富的淡水资源，成就了伊犁州塞外江南的美名	5	4	3	2	1
（17）	水源地保护行动是喝上放心水、健康水的重要保障	5	4	3	2	1
（18）	水质优劣与居民身体健康息息相关	5	4	3	2	1
（19）	定期开展水污染检测工作，让我们更放心	5	4	3	2	1

（续）

序号	淡水认知	非常同意	比较同意	一般	不同意	非常不同意
（20）	水价调整有利于推进节能减排，提升环境质量	5	4	3	2	1
（21）	供水能力影响着居民生活品质	5	4	3	2	1
（22）	供水能力影响着牧民牲畜养殖决策	5	4	3	2	1
（23）	家庭生产和生活节水对解决供水危机很重要	5	4	3	2	1
（24）	节约用水会显著地减少家庭水费支出、降低牧业成本	5	4	3	2	1
（25）	我对保护伊犁河流域水资源有强烈的认同感	5	4	3	2	1

再次感谢您的支持与配合！

参 考 文 献

［1］ Boithias L，Acuña V，Vergoñós L，et al. Assessment of the water supply：demand ratios in a Mediterranean basin under different global change scenarios and mitigation alternatives ［J］. Science of the Total Environment，2014，470－471. DOI：10. 1016/ j. scitotenv. 2013. 10. 003.

［2］ Willis M R，Stewart A R，Panuwatwanich K，et al. Quantifying the influence of environmental and water conservation attitudes on household end use water consumption ［J］. Journal of Environmental Management，2011，92（8）：1996－2009.

［3］ Koop S，Dorssen V A，Brouwer S. Enhancing domestic water conservation behaviour： A review of empirical studies on influencing tactics ［J］. Journal of Environmental Management，2019，247：867－876.

［4］ Aprile C M，Fiorillo D. Water conservation behavior and environmental concerns： Evidence from a representative sample of Italian individuals ［J］. Journal of Cleaner Production，2017，159：119－129.

［5］ Corral-Verdugo V，Bechtel B R，Fraijo-Sing B. Environmental beliefs and water conservation：An empirical study ［J］. Journal of Environmental Psychology，2003， 23（3）：247－257.

［6］ Vanham D，Leip A，Galli A，et al. Environmental footprint family to address local to planetary sustainability and deliver on the SDGs ［J］. Science of the Total Environment， 2019，693：133642.

［7］ United Nations. Transforming our world：the 2030 agenda for sustainable development ［R］. New York：United Nations，2014：1－41.

［8］ 习近平. 决胜全面建成小康社会，夺取新时代中国特色社会主义伟大胜利——在中国共产党第十九次全国代表大会上的报告 ［M］. 北京：人民出版社，2017.

［9］ 习近平. 高举中国特色社会主义伟大旗帜，为全面建设社会主义现代化国家而团结奋斗——在中国共产党第二十次全国代表大会上的报告 ［M］. 北京：人民出版社，2022.

［10］ 国家发展改革委 水利部联合印发《国家节水行动方案》发改环资规〔2019〕695 号 ［EB/OL］.（2019－4－15）［2022－09－15］. http：//www. gov. cn/gongbao/ content/2019/content＿5419221. html.

［11］ 新疆维吾尔自治区人民政府. 2020 年新疆维吾尔自治区政府工作报告 ［R］. 2016.

[12] 谢高地，张彩霞，张昌顺，等．中国生态系统服务的价值［J］．资源科学，2015，37（9）：1740-1746.

[13] 黄治化，赵军，肖涵余，等．石羊河流域水服务供需状况及驱动因素［J］．水土保持学报，2021，35（3）：228-235.

[14] 傅伯杰，周国逸，白永飞，等．中国主要陆地生态系统服务功能与生态安全［J］．地球科学进展，2009，24（6）：571-576.

[15] Fu B J，Wang S，Su C H，et al. Linking ecosystem processes and ecosystem services ［J］. Current Opinion in Environmental Sustainability，2013，5（1）：4-10.

[16] 陈晓虎．河道流域地表水资源的优势与开发使用的潜力分析［J］．陕西水利，2020（11）：41-43.

[17] 李妮．水资源利用与环境经济协调发展研究——评《水资源与环境经济协调发展模型及其应用研究》［J］．人民黄河，2019，41（7）：163.

[18] 张巍，韩军，周绍杰．中国城镇居民用水需求研究［J］．中国人口·资源与环境，2019，29（3）：99-109.

[19] Samuelson. The pure theory of public expenditures ［J］. The Review of Economics and Statistics，1954（36）：387-389.

[20] 李双成．生态系统服务地理学［M］．北京：科学出版社，2014.

[21] 颜瑜严，杨辽，王伟胜，等．伊犁河谷景观生态风险时空变化及其地形梯度分析［J］．生态科学，2020，39（4）：125-136.

[22] 文广超，赵梅娟，谢洪波，等．伊犁河谷西部土地植被覆盖演化及驱动力分析［J］．干旱区研究，2021，38（3）：843-854.

[23] 杨良健，曹开军．新疆85个县市旅游生态安全时空格局演变及驱动机制［J］．生态学报，2021，41（23）：9239-9252.

[24] 杨磊，冯青郁，陈利顶．黄土高原水土保持工程措施的生态系统服务［J］．资源科学，2020，42（1）：87-95.

[25] Russell S，Fielding K. Water demand management research：A psychological perspective ［J］. Water Resources Research，2010，46（5）：43-63.

[26] Costanza R，Arge，Groot R D，et al. The value of the world's ecosystem services and natural capital ［J］. Nature，1997，387（15）：253-260.

[27] 刘慧敏，范玉龙，丁圣彦．生态系统服务流研究进展［J］．应用生态学报，2016，27（7）：2161-2171.

[28] 章维鑫．云南省小江流域生态系统服务供需及流动研究［D］．北京：北京林业大学，2019：12-14.

[29] 杨婷，张代青，沈春颖，等．基于能值分析的流域生态系统服务功能价值评估——以东江流域为例［J］．水生态学杂志，2023，44（1）：9-15.

[30] 佟玲玲，魏晓燕，宋秀华，等. 基于享乐价格-结构方程双模型的西宁城市湿地生态系统服务价值及影响因素研究 [J]. 生态学报，2022，42（11）：4630-4639.

[31] 左石磊，金姗姗，顾晓沁. 安吉县生物多样性保护优先区域森林生态系统服务价值核算 [J]. 测绘通报，2022（1）：139-144.

[32] 郑思远，陈江海，朱红伟. 江西省生态服务价值时空特征研究 [J]. 人民长江，2021，52（11）：69-75.

[33] 舒波，李雨哲，王玲，等. 乐山市土地利用与生态系统服务价值时空动态变化分析 [J]. 生态科学，2022，41（1）：159-168.

[34] 陕永杰，原卫利，苗圆，等. 山西省大同市 2000—2019 生态系统服务价值时空变化 [J]. 水土保持通报，2021，41（6）：310-317，344.

[35] 李静芝，王苗，冯文静，等. 湘西州地区生态系统服务价值时空特征及驱动分析 [J]. 自然资源遥感，2022，34（3）：207-217.

[36] 柳敏，赵少华，王亚婷，等. 中原城市群生态系统服务价值时空变化研究 [J]. 人民黄河，2021，43（11）：17-22，28.

[37] 杜佳衡，王锦. 基于 InVEST 模型的大理州永平县水生态系统服务功能时空变化分析 [J]. 西部林业科学，2021，50（6）：91-102.

[38] 邹文涛，何友均，叶兵，等. 基于 InVEST 模型的钱江源国家公园生态系统碳储量研究 [J]. 中南林业科技大学学报，2021，41（3）：120-128.

[39] 褚琳，张欣然，王天巍，等. 基于 CA-Markov 和 InVEST 模型的城市景观格局与生境质量时空演变及预测 [J]. 应用生态学报，2018，29（12）：4106-4118.

[40] 李昂，叶长青，朱丽蓉，等. 土地利用/覆被变化对产水服务功能的影响：以海南热带雨林国家公园为例 [J]. 水利水电技术（中英文），2022，53（5）：36-45.

[41] 陶思宇，周忠学. 基于旗舰物种的生态系统文化服务供需及流研究——以大熊猫国家公园为例 [J]. 生态学杂志，2022，41（8）：1643-1652.

[42] 贺娟，舒晓波，于秀波. 鄱阳湖区农户对湿地生态系统服务认知的调查与分析 [J]. 资源科学，2010，32（4）：776-781.

[43] 张怡博，段雪雯，潘静雯，等. 游客对国家湿地公园生态系统服务的认知分析——以武汉东湖国家湿地公园为例 [J]. 环境与发展，2019，31（9）：1-3.

[44] 陈瑶，蔡广鹏，韩会庆，等. 居民对城市湿地公园生态系统服务功能认知的分析 [J]. 南京林业大学学报（自然科学版），2017，41（6）：147-152.

[45] 高虹，欧阳志云，郑华，等. 居民对文化林生态系统服务功能的认知与态度 [J]. 生态学报，2013，33（3）：756-763.

[46] 张红丽，全文静. 生态脆弱区农户对农田防护林生态系统服务功能认知的分析 [J]. 北方园艺，2019（19）：160-167.

[47] 阿依努尔·艾尼，玉米提·哈力克，塔依尔江·艾山，等. 利益相关者对塔里木河

下游荒漠河岸林生态系统服务的认知度分析 [J]. 水土保持研究，2016，23（1）：205 - 209.

[48] 韩增林，刘澄浩，闫晓露，等. 基于生态系统服务供需匹配与耦合协调的生态管理分区——以大连市为例 [J]. 生态学报，2021，41（22）：9064 - 9075.

[49] 岳文泽，侯丽，夏皓轩，等. 基于生态系统服务供需平衡的宁夏固原生态修复分区与优化策略 [J]. 应用生态学报，2022，33（1）：149 - 158.

[50] 赵庆建，温作民，张敏新. 识别森林生态系统服务的供应与需求——基于生态系统服务流的视角 [J]. 林业经济，2014，36（10）：3 - 7.

[51] Wolff S，Schulp C J E，Kastner T，et al. Quantifying spatial variation in ecosystem services demand：A global mapping approach [J]. Ecological Economics，2017，136：14 - 29.

[52] Schirpke U，Candiago S，Egarter Vigl L，et al. Integrating supply，flow and demand to enhance the understanding of interactions among multiple ecosystem services [J]. Science of The Total Environment，2019，651：928 - 941.

[53] Bukvareva E，Zamolodchikov D，Kraev G，et al. Supplied，demanded and consumed ecosystem services：Prospects for national assessment in Russia [J]. Ecological Indicators，2017，78：351 - 360.

[54] Serna-Chavez M，Schulp C J E，Van Bodegom P M，et al. A quantitative framework for assessing spatial flows of ecosystem services [J]. Ecological Indicators，2014，39：24 - 33.

[55] Schroter M，Barton D N，Remme R P，et al. Accounting for capacity and flow of ecosystem services：A conceptual model and a case study for Telemark，Norway [J]. Ecological Indicators，2014，36：539 - 551.

[56] Stürck J，Poortinga A，Verburg P H. Mapping ecosystem services：The supply and demand of flood regulation services in Europe [J]. Ecological Indicators，2014，38：198 - 211.

[57] Nedkov S，Burkhard B. Flood regulating ecosystem services：Mapping supply and demand，in the Etropole municipality，Bulgaria [J]. Ecological Indicators，2012，21：67 - 79.

[58] Sitch S，Smith B，Prentice I C，et al. Evaluation of ecosystem dynamics，plant geography and terrestrial carbon cycling in the LPJ dynamic global vegetation model [J]. Global Change Biology，2013，9（2）：161 - 185.

[59] Wu W，Tang H，Yang P，et al. Scenario-based assessment of future food security [J]. Journal of Geographical Sciences，2011，21（1）：3 - 17.

[60] Burkhard B，Kroll F，Nedkov S，et al. Mapping ecosystem service supply，demand

and budgets [J]. Ecological Indicators，2012，21（3）：17－29.

[61] Palomo I，Martín-López B，Potschin M，et al. National Parks，buffer zones and surrounding lands：Mapping ecosystem service flows [J]. Ecosystem Services，2013，4（4）：104－116.

[62] Burkhard B，Kroll F，Müller F，et al. Landscapes' capacities to provide ecosystem services：A concept for land-cover based assessments [J]. Landscape Online，2009，15（1）：1－22.

[63] Boithias L，Acuña V，Vergoñós L，et al. Assessment of the water supply：Demand ratios in a Mediterranean basin under different global change scenarios and mitigation alternatives [J]. Science of the Total Environment，2014，470：567－577.

[64] Bagstad J K，Villa F，Batker D，et al. From theoretical to actual ecosystem services：Mapping beneficiaries and spatial flows in ecosystem service assessments [J]. Ecology and Society，2014，19（2）：64.

[65] Villa F，Bagstad J K，Voigt B，et al. A methodology for adaptable and robust ecosystem services assessment [J]. Plos one，2017，9（3）.

[66] 马琳，刘浩，彭建，等. 生态系统服务供给和需求研究进展 [J]. 地理学报，2017，72（7）：1277－1289.

[67] 石忆邵，史东辉. 洞庭湖生态经济区生态服务供需平衡研究 [J]. 地理研究，2018，37（9）：1714－1723.

[68] 欧维新，王宏宁，陶宇. 基于土地利用与土地覆被的长三角生态系统服务供需空间格局及热点区变化 [J]. 生态学报，2018，38（17）：6337－6347.

[69] 孟士婷，黄庆旭，何春阳，等. 区域碳固持服务供需关系动态分析：以北京为例 [J]. 自然资源学报，2018，33（7）：1191－1203.

[70] 彭建，杨旸，谢盼，等. 基于生态系统服务供需的广东省绿地生态网络建设分区 [J]. 生态学报，2017，37（13）：4562－4572.

[71] 刘春芳，王韦婷，刘立程，等. 西北地区县域生态系统服务的供需匹配——以甘肃古浪县为例 [J]. 自然资源学报，2020，35（9）：2177－2190.

[72] 耿甜伟，陈海，刘迪，等. 县域尺度下生态系统服务供需匹配及生态建设——以陕西省为例 [J]. 地域研究与开发，2021，40（2）：140－144，150.

[73] 胡其玉，陈松林. 基于生态系统服务供需的厦漳泉地区生态网络空间优化 [J]. 自然资源学报，2021，36（2）：342－355.

[74] 占淞，于洋，吴秀芹. 湟水流域生态系统服务供需匹配关系 [J]. 生态学报，2021，41（18）：7260－7272.

[75] 刘立程，刘春芳，王川，等. 黄土丘陵区生态系统服务供需匹配研究——以兰州市为例 [J]. 地理学报，2019，74（9）：1921－1937.

[76] 董潇楠，谢苗苗，张覃雅，等．承灾脆弱性视角下的生态系统服务需求评估及供需空间匹配 [J]．生态学报，2018，38（18）：6422-6431．

[77] 管青春，郝晋珉，许月卿，等．基于生态系统服务供需关系的农业生态管理分区 [J]．资源科学，2019，41（7）：1359-1373．

[78] 陈骏宇，王慧敏，刘钢，等．"水—能—粮"视角下杭嘉湖区域生态系统服务供需测度及政策研究 [J]．长江流域资源与环境，2019，28（3）：542-553．

[79] 许萌，董潇楠，谢苗苗，等．基于承灾脆弱性与生态系统服务供需匹配的城市空间治理分区 [J]．生态学报，2021，41（15）：6012-6023．

[80] 李成，赵洁．长三角城市群生态系统服务供需格局与影响因素研究 [J]．生态经济，2022，38（9）：160-169，187．

[81] 谢余初，张素欣，林冰，等．基于生态系统服务供需关系的广西县域国土生态修复空间分区 [J]．自然资源学报，2020，35（1）：217-229．

[82] 李倩，吴雅华，李佳芯，等．基于生态系统服务供需关系的福州绿地生态网络构建分区 [J]．西北林学院学报，2022，37（2）：238-247．

[83] 赵晓同，苏军德，王建，等．甘肃省生态服务供需关系及影响因子研究 [J]．中国环境科学，2021，41（10）：4926-4941．

[84] 徐迪航，欧阳志云，韩宝龙．深圳市生态系统日常休憩服务供需关系及其变化趋势特征 [J]．扬州大学学报（农业与生命科学版），2021，42（5）：104-110．

[85] 马晓梅，张志斌，董建红，等．城市公园绿地空间布局与供需匹配研究——以兰州市为例 [J]．西北林学院学报，2021，36（6）：289-296．

[86] 辛儒鸿，曾坚，李凯，等．城市内涝调节服务供需关键区识别与优先级划分 [J]．生态学报，2022，42（2）：500-512．

[87] 赵雪雁，马平易，李文青，等．黄土高原生态系统服务供需关系的时空变化 [J]．地理学报，2021，76（11）：2780-2796．

[88] 相恒星，张健，王宗明，等．松嫩平原生态系统服务供需研究 [J]．生态环境学报，2021，30（8）：1769-1776．

[89] 孟庆香，张莉坤，位贺杰，等．基于土地利用/覆被变化的伊河流域生态系统服务供需风险时空演变 [J]．生态学报，2022，42（5）：2033-2049．

[90] Wei H，Liu H，Xu Z，et al. Linking ecosystem services supply，social demand and human well-being in a typical mountain-oasis-desert area，Xinjiang，China [J]．Ecosystem Services，2018，31：44-57．

[91] Costanza R. Ecosystem services：multiple lassification systems are needed [J]．Biological Conservation，2008，141：350-352．

[92] Jiang G C，Zhang H Y，Zhang Z D. Spatially explicit assessment ofecosystem services in China's Loess Plateau：Patterns，interactions，drivers，and implications [J]．

Global and Planetary Change，2018，161：41 – 52.

[93] Serna-Chavez H M，Schulp C J E，Van-Bodegom P M，et al. A antitative framework for assessing spatial flows of ecosystem services [J]. Ecological Indicators，2014，39：24 – 33.

[94] Larondelle N，Lauf S. Balancing demand and supply of multiple urban ecosystem services on different spatial scales [J]. Ecosystem Services，2016，22：18 – 31.

[95] Schröter M，Koellner T，Alkemade R，et al. Interregional flows of ecosystem services：Concepts，typology and four cases [J]. Ecosystem Services，2018，31：231 – 241.

[96] 韩会庆，张娇艳，马庚，等. 气候变化对生态系统服务影响的研究进展 [J]. 南京林业大学学报（自然科学版），2018，42（2）：184 – 190.

[97] 杨文杰，巩前文，林震. 北京市生态涵养区生态资产时空格局及驱动因素 [J]. 生态学报，2021，41（15）：6051 – 6063.

[98] 赵亚茹，周俊菊，雷莉，等. 基于 InVEST 模型的石羊河上游产水量驱动因素识别 [J]. 生态学杂志，2019，38（12）：3789 – 3799.

[99] 杨洁，谢保鹏，张德罡. 基于 InVEST 模型的黄河流域产水量时空变化及其对降水和土地利用变化的响应 [J]. 应用生态学报，2020，31（8）：2731 – 2739.

[100] Min Fan and Hideaki Shibata and Qing Wang. Optimal conservation planning of multiple hydrological ecosystem services under land use and climate changes in Teshio river watershed，northernmost of Japan [J]. Ecological Indicators，2016，62：1 – 13.

[101] James E. Sample，Ingrid Baber，Rebecca Badger. A spatially distributed risk screening tool to assess climate and land use change impacts on water-related ecosystem services [J]. Environmental Modelling & Software，2016，83：12 – 26.

[102] 孟孟，张运，支俊俊，等. 快速城市化背景下生态系统服务价值时空演变——以南京市为例 [J]. 水土保持通报，2021，41（3）：296 – 304.

[103] 冉凤维，罗志军，曹丽萍，等. 南昌市生态服务价值变化及其驱动因素分析 [J]. 水土保持研究，2018，25（3）：177 – 183.

[104] 程静，黄越. 宁夏回族自治区生态系统服务价值时空演变及其驱动力 [J]. 水土保持研究，2021，28（2）：382 – 389.

[105] Kates R W，Clark W C，Corell R，et al. Sustainability science [J]. Science，2001，（292）：641 – 642.

[106] 傅斌，王玉宽，徐佩，等. 农户生计与生态系统服务耦合关系研究进展 [J]. 生态经济，2017，33（1）：142 – 145，151.

[107] 赵雪雁. 不同生计方式农户的环境影响——以甘南高原为例 [J]. 地理科学，2013，33（5）：545 – 552.

[108] 赵雪雁，张丽，江进德，等. 生态补偿对农户生计的影响——以甘南黄河水源补给区为例 [J]. 地理研究，2013，32（3）：531-542.

[109] 马国君，李红香. 云南金沙江流域干热河谷灾变的历史成因及治理对策探究——兼论氐羌族系各民族传统生计方式的生态价值 [J]. 贵州民族研究，2012，33（2）：85-92.

[110] 赵雪雁，李巍，杨培涛，等. 生计资本对甘南高原农牧民生计活动的影响 [J]. 中国人口·资源与环境，2011，21（4）：111-118.

[111] 姚国征，杨婷婷，高永，等. 放牧强度对小针茅草原枯落物分解的影响 [J]. 干旱区资源与环境，2017，31（7）：167-171.

[112] 邹婧汝，赵新全. 围栏禁牧与放牧对草地生态系统固碳能力的影响 [J]. 草业科学，2015，32（11）：1748-1756.

[113] 胡振琪. 我国土地复垦与生态修复 30 年：回顾、反思与展望 [J]. 煤炭科学技术，2019，47（1）：25-35.

[114] 肖武，胡振琪，张建勇，等. 无人机遥感在矿区监测与土地复垦中的应用前景 [J]. 中国矿业，2017，26（6）：71-78.

[115] 潘换换，吴树荣，姬情情，等. 山西煤田生态系统服务时空格局及驱动力 [J]. 应用生态学报，2021，32（11）：3923-3932.

[116] 贺义雄，宋伟鸣，杨帆. 长三角海洋资源环境一体化治理策略研究——基于海洋生态系统服务价值影响分析 [J]. 海洋科学，2021，45（6）：63-78.

[117] 潘梅，陈天伟，黄麟，等. 京津冀地区生态系统服务时空变化及驱动因素 [J]. 生态学报，2020，40（15）：5151-5167.

[118] 孙小银，郭洪伟，廉丽姝，等. 南四湖流域产水量空间格局与驱动因素分析 [J]. 自然资源学报，2017，32（4）：669-679.

[119] 赵丹，李锋，王如松. 城市土地利用变化对生态系统服务的影响——以淮北市为例 [J]. 生态学报，2013，33（8）：2343-2349.

[120] 潘莹，郑华，易齐涛，等. 流域生态系统服务簇变化及影响因素——以大清河流域为例 [J]. 生态学报，2021，41（13）：5204-5213.

[121] Gao J, Li F, Gao H, et al. The impact of land-use change on water-related ecosystem services: a study of the Guishui River Basin, Beijing, China [J]. Journal of Cleaner Production，2016，163.

[122] 彭文甫，周介铭，杨存建，等. 基于土地利用变化的四川省生态系统服务价值研究 [J]. 长江流域资源与环境，2014，23（7）：1053-1062.

[123] 傅伯杰，张立伟. 土地利用变化与生态系统服务：概念、方法与进展 [J]. 地理科学进展，2014，33（4）：441-446.

[124] 刘桂林，张落成，张倩. 长三角地区土地利用时空变化对生态系统服务价值的影响

［J］. 生态学报，2014，34（12）：3311－3319.

［125］刘永强，廖柳文，龙花楼，等. 土地利用转型的生态系统服务价值效应分析——以湖南省为例［J］. 地理研究，2015，34（4）：691－700.

［126］李屹峰，罗跃初，刘纲，等. 土地利用变化对生态系统服务功能的影响——以密云水库流域为例［J］. 生态学报，2013，33（3）：726－736.

［127］刘金勇，孔繁花，尹海伟，等. 济南市土地利用变化及其对生态系统服务价值的影响［J］. 应用生态学报，2013，24（5）：1231－1236.

［128］王军，顿耀龙. 土地利用变化对生态系统服务的影响研究综述［J］. 长江流域资源与环境，2015，24（5）：798－808.

［129］黄麟，祝萍，曹巍. 中国退耕还林还草对生态系统服务权衡与协同的影响［J］. 生态学报，2021，41（3）：1178－1188.

［130］鲁绍伟，李少宁，刘逸菲，等. 北京市退耕还林生态效益评估［J］. 生态学报，2021，41（15）：6170－6181.

［131］李蕴琪，韩磊，朱会利，等. 基于土地利用的延安市退耕还林前后生态服务价值变化［J］. 西北林学院学报，2020，35（1）：203－211.

［132］徐省超，赵雪雁，宋晓谕. 退耕还林（草）工程对渭河流域生态系统服务的影响［J］. 应用生态学报，2021，32（11）：3893－3904.

［133］王修文，于书霞，史志华，等. 南方红壤区生态系统服务权衡与协同关系演变对退耕还林的响应［J］. 生态学报，2021，41（17）：7002－7014.

［134］王泽宇，陈旭阳，马彩诗，等. 陕北榆林市退耕还林前后土壤侵蚀及生态服务价值变化［J］. 西北林学院学报，2021，36（3）：59－67.

［135］高攀盛，张勇娟，安沙舟. 禁牧对乌鲁木齐市城市周边典型草地类群落数量特征的影响［J］. 新疆农业科学，2016，53（10）：1907－1913.

［136］李愈哲，樊江文，胡中民，等. 草地管理利用方式转变对生态系统蒸散耗水的影响［J］. 资源科学，2015，37（2）：342－350.

［137］董乙强，孙宗玖，安沙舟. 放牧和禁牧影响草地物种多样性和有机碳库的途径［J］. 中国草地学报，2018，40（1）：105－114.

［138］董乙强，安沙舟，孙宗玖，等. 禁牧对中度退化伊犁绢蒿荒漠植被特征的影响［J］. 中国草地学报，2016，38（1）：93－99.

［139］张武，张淑兰，顾成林，等. 松嫩平原耕作草甸区中小型土壤动物群落特征［J］. 干旱区资源与环境，2017，31（2）：128－133.

［140］高瑛，王娜，李向菲，等. 农户生态友好型农田土壤管理技术采纳决策分析——以山东省为例［J］. 农业经济问题，2017，38（1）：38－47，110－111.

［141］Fisher B，Turner R K，Morling P. Defining and classifying ecosystem systems service for decision making［J］. Ecological Economics，2009，68：643－653.

［142］刘慧敏，刘绿怡，任嘉衍，等．生态系统服务流定量化研究进展［J］．应用生态学报，2017，28（8）：2723－2730．

［143］杨金玲，张甘霖，黄来明．典型亚热带花岗岩地区森林流域岩石风化和土壤形成速率研究［J］．土壤学报，2013，50（2）：253－259．

［144］杨莉，甄霖，潘影，等．生态系统服务供给-消费研究：黄河流域案例［J］．干旱区资源与环境，2012，26（3）：131－138．

［145］杨甫，王凤鹤，徐希莲．明亮熊蜂·中华蜜蜂和意大利蜜蜂为温室草莓授粉的行为观察［J］．安徽农业科学，2010，38（20）：10711－10713．

［146］Balmford A，Fisher B，Green R E，et al. Bringing ecosystem services into the real world：An operational framework for assessing the economic consequences of losing wild nature［J］．Environmental and Resource Economics，2011，48：161－175．

［147］Cimon-Morin J，Darveau M，Poulin M. Fostering synergies between ecosystem services and biodiversity in conservation planning：A review［J］．Biological Conservation，2013，166：144－154．

［148］Chisholm R A. Trade-offs between ecosystem services：Water and carbon in a biodiversity hotspot［J］．Ecological Economics，2010，69：1973－1987．

［149］Johnson W G，Bagstad J K，Snapp R R，et al. Service Path Attribution Networks（SPANs）：A Network Flow Approach to Ecosystem Service Assessment［J］．International Journal of Agricultural and Environmental Information Systems，2012，3：54－71．

［150］Luck G W，Daily G C，Ehrlich P R. Population diversity and ecosystem services［J］．Trends in Ecology & Evolution，2003，18：331－336．

［151］Syrbe R U，Walz U. Spatial indicators for the assessment of ecosystem services：Providing，benefiting and connecting areas and landscape metrics［J］．Ecological Indicators，2012，21：80－88．

［152］刘慧敏，刘绿怡，丁圣彦．人类活动对生态系统服务流的影响［J］．生态学报，2017，37（10）：3232－3242．

［153］Chen F，Li L，Niu J，et al. Evaluating Ecosystem Services Supply and Demand Dynamics and Ecological Zoning Management in Wuhan，China［J］．International Journal of Environmental Research and Public Health，2019，16（13）：2332．

［154］Chen J，Jiang B，Bai Y，et al. Quantifying ecosystem services supply and demand shortfalls and mismatches for management optimisation［J］．Science of The Total Environment，2019，650（835－16）：1426－1439．

［155］Liu J，Wu Y，Li S. Framing ecosystem services in the telecoupled Anthropocene［J］．Frontiers in Ecology and the Environment，2016，14（1）：27－36．

[156] Schröter M, Albert C, Marques A, et al. National ecosystem assessments in Europe: a review [J]. Bioscience, 2016, 66: 813 – 828.

[157] Kissinger M, Rees W E, Timmer V. Interregional sustainability: governance and policy in an ecologically interdependent world [J]. Environmental Science & Policy, 2011, 14 (8): 965 – 976.

[158] Rice J, Simao C, Maria B, et al. Summary for policymakers of the regional assessment report on biodiversity and ecosystem services for the Americas of the Intergovernmental Science-Policy Platform on Biodiversity and Ecosystem Services [R]. 2018. DOI: 10. 13140/RG. 2. 2. 34876. 95365.

[159] López-Hoffman L, Varady G R, Flessa W K, et al. Ecosystem services across borders: a framework for transboundary conservation policy [J]. Frontiers in Ecology and the Environment, 2010, 8 (2): 84 – 91.

[160] Matthias S, Christian A, Alexandra M, et al. National Ecosystem Assessments in Europe: A Review [J]. BioScience, 2016 (10): 813 – 828.

[161] Pascual U, Palomo I, Adams W, et al. Off-stage ecosystem service burdens: A blind spot for global sustainability [J]. Environmental Research Letters, 2017. DOI: 10. 1088/1748 – 9326/aa7392.

[162] Koellner T, Bonn A, Arnhold S, et al. Guidance for assessing interregional ecosystem service flows [J]. Ecological Indicators, 2019, 105: 92 – 106.

[163] Drakou E G, John V, Linwood P. Mapping the global distribution of locally-generated marine ecosystem services: The case of the West and Central Pacific Ocean tuna fisheries [J]. Ecosystem Services, 2018, 31: 278 – 288.

[164] Semmens J D, Diffendorfer E J, Bagstad J K, et al. Quantifying ecosystem service flows at multiple scales across the range of a long-distance migratory species [J]. Ecosystem Services, 2018, 31.

[165] Bagstad J K, Semmens J D, Diffendorfer E J, et al. Ecosystem service flows from a migratory species: Spatial subsidies of the northern pintail [J]. Ambio, 2019, 48 (1): 61 – 73.

[166] Hulina J, Bocetti C, Iii H C, et al. Telecoupling framework for research on migratory species in the Anthropocene [J]. Elem Sci Anth, 2017, 5: 5. DOI: 10. 1525/elementa. 184.

[167] Uta S, Ulrike T, Erich T. A transnational perspective of global and regional ecosystem service flows from and to mountain regions [J]. Scientific reports, 2019, 9 (1): 6 678.

[168] Chengdong W, Wenqing L, Mingxing S, et al. Exploring the formulation of ecological management policies by quantifying interregional primary ecosystem service flows in

Yangtze River Delta region, China [J]. Journal of Environmental Management, 2021, 284.

[169] María R. Felipe-Lucia, Berta Martín-López, et al. Francisco A. Comín. Ecosystem Services Flows: Why Stakeholders' Power Relationships Matter [J]. Plos one, 2015, 10 (7). DOI: 10.1371/journal. pone. 0132232.

[170] 李婧昕, 杨立, 杨蕾, 等. 基于熵理论的城市生态系统服务流定量评估——以北京市为例 [J]. 应用生态学报, 2018, 29 (3): 987 - 996.

[171] Xiaolong Gao, Binbin Huang, Ying Hou, et al. Using Ecosystem Service Flows to Inform Ecological Compensation: Theory & Application [J]. International Journal of Environmental Research and Public Health, 2020, 17 (9): 3340. DOI: 10.3390/ijerph17093340.

[172] Heqiu D, Li Z, Pengtao Z, et al. Ecological compensation in the Beijing-Tianjin-Hebei region based on ecosystem services flow [J]. Journal of environmental management, 2023, 331.

[173] Wei W, Shengxiang N, Binbin X, et al. The spatial-temporal changes of supply-demand of ecosystem services and ecological compensation: A case study of Hexi Corridor, Northwest China [J]. Ecological Engineering, 2023, 187.

[174] Jie Xu, Yu Xiao, Gaodi Xie, et al. Computing payments for wind erosion prevention service incorporating ecosystem services flow and regional disparity in Yanchi County [J]. Science of the Total Environment, 2019, 674.

[175] Fridman D, Kissinger M. An integrated biophysical and ecosystem approach as a base for ecosystem services analysis across regions [J]. Ecosystem Services, 2018 (1): 5. DOI: 10.1016/j. ecoser. 2018. 01. 005.

[176] Yu Y, Feng K, Hubacek K. Tele-connecting local consumption to global land use [J]. Global Environmental Change, 2013, 23 (5): 1178 - 1186.

[177] Kastner T, Erb K, Nonhebel S. International wood trade and forest change: A global analysis [J]. Global Environmental Change, 2011, 21 (3): 947 - 956.

[178] Laura L H, Jay D, Ruscena W, et al. Operationalizing the telecoupling framework for migratory species using the spatial subsidies approach to examine ecosystem services provided by Mexican free-tailed bats [J]. Ecology & Society, 2017, 22 (4): 23.

[179] Ziyan L, Yi X, Zhi Yun O. Assessment of ecological importance of the Qinghai-Tibet Plateau based on ecosystem service flows [J]. Journal of Mountain Science, 2021, 18 (7): 1725 - 1736.

[180] Bhatta M, Zander K K, Austin B J, et al. Societal Recognition of Ecosystem Service Flows From Red Panda Habitats in Western Nepal [J]. Mountain Research and

Development，2020，40（2）.

[181] Gaodi Xie，Jingya Liu，Jie Xu，et al. A spatio-temporal delineation of trans-boundary ecosystem service flows from Inner Mongolia［J］. Environmental Research Letters，2019，14（6）.

[182] 熊昕莹，孟梅. 基于生态系统服务供需关系及空间流动的新疆生态管理分区与优化策略［J］. 应用生态学报，2023，34（8）：2237－2248.

[183] Jinxi Z，Chunyang H，Qingxu H，et al. Understanding ecosystem service flows through the metacoupling framework［J］. Ecological Indicators，2023，151.

[184] 王鹏涛，张立伟，李英杰，等. 汉江上游生态系统服务权衡与协同关系时空特征［J］. 地理学报，2017，72（11）：2064－2078.

[185] 侯文娟，高江波，戴尔阜，等. 基于 SWAT 模型模拟乌江三岔河生态系统产流服务及其空间变异［J］. 地理学报，2018，73（7）：1268－1282.

[186] 吴瑞，刘桂环，文一惠. 基于 InVEST 模型的官厅水库流域产水和水质净化服务时空变化［J］. 环境科学研究，2017，30（3）：406－414.

[187] 王玉纯，赵军，付杰文，等. 石羊河流域水源涵养功能定量评估及空间差异［J］. 生态学报，2018，38（13）：4637－4648.

[188] 周铮，吴剑锋，杨蕴，等. 基于 SWAT 模型的北山水库流域地表径流模拟［J］. 南水北调与水利科技，2020，18（1）：66－73.

[189] 宋增芳，曾建军，金彦兆，等. 基于 SWAT 模型和 SUFI-2 算法的石羊河流域月径流分布式模拟［J］. 水土保持通报，2016，36（5）：172－177.

[190] 孙波扬. 西北干旱半干旱地区分布式水文模拟及气候变化影响评估［D］. 北京：华北电力大学，2014.

[191] 邓鹏，黄鹏年. 基于 VIC 模型的淮河中上游地区水量空间分布研究［J］. 水电能源科学，2018，36（2）：28－31.

[192] 朱文博，李双成，朱连奇. 中国省域生态系统服务足迹流动及其影响因素［J］. 地理研究，2019，38（2）：337－347.

[193] 徐洁，肖玉，李娜，等. 东江湖流域及其受益区水供给服务供需平衡时空格局分析（英文）［J］. Journal of Resources and Ecology，2015，6（6）：386－396.

[194] Ilse K. Applying a Resilience Approach to Flood Management in Rapidly Changing Landscapes［D］. South Africa：Stellenbosch University，2016.

[195] 陈登帅. 延河流域水供给服务的供需平衡与空间流动研究［D］. 西安：陕西师范大学，2018.

[196] 张城，李晶，周自翔. 基于水供给服务空间流动模型的渭河流域水资源安全格局［J］. 地理科学，2021，41（2）：350－359.

[197] Delong Li，Shuyao Wu，Laibao Liu，et al. Evaluating regional water security

through a freshwater ecosystem service flow model：A case study in Beijing-Tianjian-Hebei region，China ［J］. Ecological Indicators，2017，81（10）：159－170.

［198］Cheng Zhang，Jing Li，Zixiang Zhou，et al. Application of ecosystem service flows model in water security assessment：A case study in Weihe River Basin，China ［J］. Ecological Indicators，2021，120.

［199］Keyu Qin，Jingya Liu，Liwen Yan，et al. Integrating ecosystem services flows into water security simulations in water scarce areas：Present and future ［J］. Science of the Total Environment，2019，670：1037－1048.

［200］张欣蓉，王晓峰，程昌武，等. 基于供需关系的西南喀斯特区生态系统服务空间流动研究 ［J］. 生态学报，2021，41（9）：3368－3380.

［201］Jiansheng W，Xuening F，Kaiyang L，et al. Assessment of ecosystem service flow and optimization of spatial pattern of supply and demand matching in Pearl River Delta，China ［J］. Ecological Indicators，2023，153.

［202］任檬，毛德华. 涟水流域水产出服务供需分析与服务流研究 ［J］. 生态科学，2021，40（2）：186－195.

［203］昝欣，张玉玲，贾晓宇，等. 永定河上游流域水生态系统服务价值评估 ［J］. 自然资源学报，2020，35（6）：1326－1337.

［204］王录仓，高静. 基于灌区尺度的聚落与水土资源空间耦合关系研究-以张掖绿洲为例 ［J］. 自然资源学报，2014，29（11）：1888－1901.

［205］张丽娜，吴凤平，张陈俊，等. 流域水资源消耗结构与产业结构高级化适配性研究 ［J］. 系统工程理论与实践，2020，40（11）：3009－3018.

［206］Dongjie G，Zhao D，Lilei Z，et al. How can multiscenario flow paths of water supply services be simulated? Establishing the supply-flow-demand model of ecosystem services across a typical basin in China ［J］. The Science of the total environment，2023，893.

［207］夏涛，陈尚，张涛等. 江苏近海生态系统服务价值评估 ［J］. 生态学报，2014，34（17）：5069－5076.

［208］陈东军，钟林生. 生态系统服务价值评估与实现机制研究综述 ［J］. 中国农业资源与区划，2023，44（01）：84－94.

［209］赵勇，王丽珍，王浩，等. 城镇居民生活刚性、弹性、奢侈用水层次评价方法与应用 ［J］. 应用基础与工程科学学报，2020，28（6）：1316－1325.

［210］姜海珊，赵卫华. 北京市居民用水行为调查分析及节水措施 ［J］. 水资源保护，2015，31（5）：110－113.

［211］赵卫华. 居民家庭用水量影响因素的实证分析——基于北京市居民用水行为的调查数据考察 ［J］. 干旱区资源与环境，2015，29（04）：137－142.

［212］ 杨晓英，李纪华，田壮，等. 城镇化进程中的农民生活用水研究［J］. 长江流域资源与环境，2013，22（7）：880-886.

［213］ Bayat S，Ozer A，Firinci B，et al. The water consumption behaviors of the students of Inonu University and influencing factors，Turkey［J］. The European Journal of Public Health，2017，27（S3）. DOI：10.1093/eurpub/ckx186.005.

［214］ Delpla I，Legay C，Proulx F，et al. Perception of tap water quality：Assessment of the factors modifying the links between satisfaction and water consumption behavior ［J］. Science of The Total Environment，2020，722.

［215］ Salimi H A，Noori A，Bonakdari H，et al. Exploring the Role of Advertising Types on Improving the Water Consumption Behavior：An Application of Integrated Fuzzy AHP and Fuzzy VIKOR Method［J］. Sustainability，2020，12（3）.

［216］ 许冉，王延荣，王文彬，等. 城镇居民节水行为模式研究——基于 31 个省会城市的抽样调查数据［J］. 干旱区资源与环境，2020，34（1）：56-62.

［217］ 师林蕊，朱永楠，李海红，等. 北京居民用水调查及节水潜力［J］. 南水北调与水利科技（中英文），2022，20（5）：851-861.

［218］ 石红旺，赵勇，屈吉鸿，等. 天津市城市居民用水行为调查及影响因素识别［J］. 水电能源科学，2015，33（6）：143-147.

［219］ Keshavarzi A R，Sharifzadeh M，Haghighi A，et al. Rural domestic water consumption behavior：A case study in Ramjerd area，Fars province，I. R. Iran［J］. Water Research，2006，40（6）：1173-1178.

［220］ Arasteh M A，Farjami Y. Supporting Sustainable Rural Groundwater Demand Management with Fuzzy Decision Analysis：A Case Study in Iran［J］. Utilities Policy，2021，70（1）：101215.

［221］ Ozyazgan A A，Deniz S，Pehlivan E. Examination of daily water consumption behaviors of individuals living in a semi-rural area［J］. European Journal of Public Health，2020，30（S5）. DOI：10.1093/eurpub/ckaa166.082.

［222］ Kristin F，Rachael S，Holly C，et al. Habitual food，energy，and water consumption behaviors among adults in the United States：Comparing models of values，norms，and identity［J］. Energy Research & Social Science，2022，85.

［223］ Rocío Acosta Alarcón，Juan Pablo Rodriguez，Kua H W. Voluntary Management of Residential Water Demand in Low and Middle-Low Income Households：Case Study of Soacha（colombia）［J］. Water，2019，11（216）：1-16.

［224］ Tatsuya M，Keigo N，Keoduangchai K，et al. The Effects of Five Forms of Capital on Thought Processes Underlying Water Consumption Behavior in Suburban Vientiane［J］. Sustainability，2016，8（6）：538-538.

[225] Sudheer S B, LR L R, Sriram K. Holistic approach to water conservation behavior in urban environment: a systematic literature review [J]. Urban Water Journal, 2022, 19 (7).

[226] Ananga E O, Becerra T A, Peaden C, et al. Examining water conservation behaviors and attitudes: evidence from the city of Ada, Oklahoma, USA [J]. Sustainable Water Resources Management, 2019, 5 (4): 1651 - 1663.

[227] Jonathan, Straus, Heejun, et al. An exploratory path analysis of attitudes, behaviors and summer water consumption in the Portland Metropolitan Area-ScienceDirect [J]. Sustainable Cities and Society, 2016, 23: 68 - 77.

[228] 陈宏伟, 穆月英. 节水生产行为、非农就业与农户收入溢出 [J]. 华中农业大学学报（社会科学版）, 2022 (02): 1 - 11.

[229] 许朗, 陈杰. 节水灌溉技术采纳行为意愿与应用背离 [J]. 华南农业大学学报（社会科学版）, 2020, 19 (5): 103 - 114.

[230] 张益, 孙小龙, 韩一军. 社会网络、节水意识对小麦生产节水技术采用的影响——基于冀鲁豫的农户调查数据 [J]. 农业技术经济, 2019 (11): 127 - 136.

[231] Hilimire K, Greenberg K. Water conservation behaviors among beginning farmers in the western United States [J]. Journal of Soil and Water Conservation, 2019, 74 (2): 138 - 144.

[232] Li Yong, Wang Bairong, Cui Manfei. Environmental Concern, Environmental Knowledge, and Residents' Water Conservation Behavior: Evidence from China [J]. Water, 2022, 14 (13): 2087.

[233] Liu Y, Wang Y, Zhao H, et al. Influences of Building Characteristics and Attitudes on Water Conservation Behavior of Rural Residents [J]. Sustainability, 2020, 12 (18): 7620.

[234] Li L, Araral E, Jeuland M. The drivers of household drinking water choices in Singapore: Evidence from multivariable regression analysis of perceptions and household characteristics [J]. Science of The Total Environment, 2019, 671 (6): 1116 - 1124.

[235] 邢霞, 修长百, 闫晔. 农业节水技术采纳行为的影响因素——基于保护动机理论和跨理论模型 [J]. 中国农业大学学报, 2022, 27 (1): 274 - 286.

[236] Pereira Maria C, Simões Paula, Cruz Luís, et al. Mind (for) the water: An indirect relationship between mindfulness and water conservation behavior [J]. Journal of Consumer Behaviour, 2022, 21 (4). DOI: 10.1002/cb.2023.

[237] 陈欣如, 王礼力. 社会规范对农户节水灌溉技术采用行为的影响分析 [J]. 节水灌溉, 2018 (8): 85 - 89.

[238] Birgül Çakır Yıldırım，Güliz Karaarslan Semiz. Future Teachers' Sustainable Water Consumption Behavior：A Test of the Value-Belief-Norm Theory [J]．Sustainability，2019，11（6）．DOI：10.3390/su11061558.

[239] 李丽丽，钟方雷，程清平．黑河中游农村居民节水意识对节水行为的影响路径——基于结构方程模型与计划行为理论的研究 [J]．冰川冻土，2019，41（4）：993-1004.

[240] Valizadeh N，Bijani M，Abbasi E. Farmers' Participatory-based Water Conservation Behaviors：Evidence from Iran [J]．Environment，Development and Sustainability，2020，23（3）.

[241] Kang J，Grable K，Hustvedt G，et al. Sustainable water consumption：The perspective of Hispanic consumers [J]．Journal of Environmental Psychology，2017，50（6）：94-103.

[242] 许朗，王宁．农业水价对不同种植规模农户节水行为的影响研究——基于对石津灌区的调查研究 [J]．干旱区资源与环境，2021，35（11）：81-88.

[243] 刘一明．农业水价激励结构与农户灌溉用水行为选择——基于广东省流溪河流域种植户的调查 [J]．节水灌溉，2021（10）：59-64，70.

[244] 陈宏伟，穆月英．政策激励、价值感知与农户节水技术采纳行为——基于冀鲁豫1 188个粮食种植户的实证 [J]．资源科学，2022，44（6）：1196-1211.

[245] 薛彩霞，黄玉祥，韩文霆．政府补贴、采用效果对农户节水灌溉技术持续采用行为的影响研究 [J]．资源科学，2018，40（7）：1418-1428.

[246] Momenpour Y，Choobchian S，Sadighi H，et al. Factors Affecting Wheat Producers' Water Conservation Behavior：Evidence from Iran. Water [J]．2021，13（22）：3217.

[247] Hannibal，Sansom，Portney E. The effect of local water scarcity and drought on water conservation behaviors [J]．Environmental Sociology，2019，5（3）.

[248] 李玲，王秀鹃，周玉玺．农业用水非农化对农户粮食生产用水行为的影响——基于山东省728份农户调查数据 [J]．中国农业资源与区划，2022，43（6）：55-63.

[249] 杨飞，李爱宁，周翠萍，等．兼业程度、农业水资源短缺感知与农户节水技术采用行为——基于陕西省农户的调查数据 [J]．节水灌溉，2019（5）：113-116.

[250] Ahmed K，Alanoud M A，Ifigeneia K，et al. Individual water consumption behavior in relation to urban residential dynamics：The Case of Qatar [J]．Urban Water Journal，2021，18（10）.

[251] 赵晶，高峰，王涛，等．水循环模拟与水资源配置云模型服务平台构建与应用 [J]．农业工程学报，2023，39（15）：293-304.

[252] 朱思峰，刘程泰．基于MOEA/D算法的衡水市水资源多目标优化配置 [J]．水电

能源科学，2023，41（3）：35-38.

[253] 赵燕，武鹏林，祝雪萍. 基于改进萤火虫算法的水资源优化配置 [J]. 人民黄河，2019，41（5）：62-66.

[254] 张帆，任冲锋，蔡宴朋，等. 基于复合多目标方法的灌区水资源优化配置 [J]. 农业机械学报，2021，52（11）：297-304.

[255] 王桔，方朝阳，赵红飞，等. 玛纳斯河流域水资源优化配置研究 [J]. 中国农村水利水电，2010（11）：22-24.

[256] 常一帆，沙金霞，刘彬，等. 改进蝴蝶优化算法在邯郸市水资源优化配置中的应用 [J]. 水电能源科学，2023，41（4）：56-60.

[257] 李新德，沙金霞，刘彬，等. 基于鲸鱼优化算法的水资源优化配置研究 [J]. 中国农村水利水电，2018（4）：40-45，49.

[258] 黄显峰，石志康，金国裕，等. 基于碳足迹的区域水资源优化配置模型 [J]. 水资源保护，2020，36（4）：47-51.

[259] 李韧，聂春霞. 基于系统动力学的乌鲁木齐市水资源配置方案优选 [J]. 中国农村水利水电，2019（10）：99-104，110.

[260] 张相忠，王晋，韩萍，等. 基于 SD-MOM 模型的青岛市水资源可持续利用研究 [J]. 水文，2022，42（4）：49-53，60.

[261] 杨光明，时岩钧，杨航，等. 基于系统动力学的水资源承载力可持续发展评估——以重庆市为例 [J]. 人民长江，2019，50（8）：6-13，51.

[262] 伍鑫，王艺杰，姚园，等. 基于区间两阶段法的城市水资源优化配置 [J]. 水利水电技术（中英文），2021，52（10）：24-34.

[263] Daily G C. Nature's Services：Societal Dependence on Natural Ecosystems [M]. Washington DC：Island Press，1997.

[264] Millennium Ecosystem Assessment. Ecosystems and Human Well-being：Biodiversity Synthesis [R]. Washington，DC：World Resources Institute，2005.

[265] 欧维新，刘翠，陶宇. 太湖流域水供给服务供需时空演变分析 [J]. 长江流域资源与环境，2020，29（3）：623-633.

[266] 谢高地，甄霖，鲁春霞，等. 生态系统服务的供给、消费和价值化 [J]. 资源科学，2008（1）：93-99.

[267] 马琳，刘浩，彭建，等. 生态系统服务供给和需求研究进展 [J]. 地理学报，2017，72（7）：1277-1289.

[268] Baró F，Palomo I，Zulian G，et al. Mapping ecosystem service capacity，flow and demand for landscape and urban planning：A case study in the Barcelona metropolitan region [J]. Land Use Policy，2016，57：405-417.

[269] 官冬杰，孙灵丽，蒋赖寒，等. 三峡库区水供给服务供需关系动态变化及演化趋势

分析 ［J］. 重庆交通大学学报（自然科学版），2023，42（2）：75-85.

［270］Burkhard B，Kroll F，Nedkov S，et al. Mapping supply，demand and budgets of ecosystem services ［J］. Ecological Indicators，2012，21：17-29.

［271］Villamagna A M，Angermeier P L，Bennett E M. Capacity，pressure，demand，and flow：A conceptual framework for analyzing ecosystem service provision and delivery ［J］. Ecological Complexity，2013，15：114-121.

［272］Wolff S，Schulp C，Verburg P H. Mapping esosystem services demand：A review of current research and future perspectives ［J］. Ecological Indicators，2015，55：159-171.

［273］Serna-Chavez H M，Schulp C J E，Van Bodegom P M，et al. A quantitative framework for assessing spatial flows of ecosystem services ［J］. Ecological Indicators，2014，39：24-33.

［274］Mononen L，Auvinen A P，Ahokumpu A L，et al. National ecosystem service indicators：Measures of social ecological sustainability ［J］. Ecological Indicators，2016，61：27-37.

［275］Fisher B，Turner R K，Burgess N D，et al. Measuring modeling and mapping ecosystem services in the Eastern Arc Mountains of Tanzania ［J］. Progress in Physical Geography，2011，35：595-611.

［276］Turner W R，Brandon K，Brooks T M，et al. Global biodiversity conservation and the alleviation of poverty ［J］. Bioscience，2012，62：85-92.

［277］姚婧，何兴元，陈玮. 生态系统服务流研究方法最新进展 ［J］. 应用生态学报，2018，29（1）：335-342.

［278］Bagstad K J，Johnson G W，Voigt B，et al. Spatial dynamics of ecosystem service flows：a comprehensive approach to quantifying actual services ［J］. Ecosystem Services，2013，4：117-125.

［279］Shi Y，Shi D，Zhou L，et al. Identification of ecosystem services supply and demand areas and simulation of ecosystem service flows in Shanghai ［J］. Ecological Indicators，2020，115（2）：106418.

［280］Pulselli F M，Coscieme L，Bastianoni S. Ecosystem services as a counterpart of emergy flows to ecosystems ［J］. Ecological Modelling，2011，222：2924-2928.

［281］吕悦风. 城乡生态系统服务流的传导机理与量化模拟研究 ［D］. 杭州：浙江大学，2023.

［282］Wei H，Fan W，Wang X，et al. Integrating supply and social demand in ecosystem services assessment：A review ［J］. Ecosystem Services，2017，25：15-27.

［283］Fu B，Zhang L，Xu Z，et al. Ecosystem services in changing land use ［J］. Journal of Soils and Sediments，2015，15（4）.

[284] Kremen P R，Ehrilich A H. Extinction：The Causes and Consequences of the Disappearance of Species［M］. New York：Random House，1981.

[285] 马文静，刘娟. 基于能值分析的中国生态经济系统可持续发展评估［J］. 应用生态学报，2020，31（6）：2029－2038.

[286] 杨皓然. 生态经济系统耦合风险解析［J］. 青海民族大学学报（社会科学版），2021，47（4）：21－26.

[287] Forrester J W. Industrial dynamics［M］. Cambridge Massachusetts：MIT Press，1961.

[288] 王慧敏，洪俊，刘钢. "水—能源—粮食"纽带关系下区域绿色发展政策仿真研究［J］. 中国人口·资源与环境，2019，29（6）：74－84.

[289] 杨红娟，张成浩. 基于系统动力学的云南生态文明建设有效路径研究［J］. 中国人口·资源与环境，2019，29（2）：19－27.

[290] 揭俐，王忠，余瑞祥. 中国能源开采业碳排放脱钩效应情景模拟［J］. 中国人口·资源与环境，2020，30（7）：47－56.

[291] Forrester J W. Urban Dynamics［M］. Cambridge：MIT Press，1969.

[292] 王晓宇，袁汝华，王维. 新形势下黄河流域水资源配置 SD 模型构建与仿真［J］. 生态经济，2024，40（2）：181－190.

[293] 王佳炜，韩美，孔祥伦，等. 基于系统动力学模型的黄河三角洲"三生"用水配置模拟与调控［J］. 西安理工大学学报，2023，39（3）：369－378.

[294] 张相忠，王晋，韩萍等. 基于 SD-MOM 模型的青岛市水资源可持续利用研究［J］. 水文，2022，42（4）：49－53，60.

[295] 刘绿怡，卞子亓，丁圣彦. 景观空间异质性对生态系统服务形成与供给的影响［J］. 生态学报，2018，38（18）：6412－6421.

[296] 徐洁，肖玉，谢高地，等. 东江湖流域水供给服务时空格局分析［J］. 生态学报，2016，36（15）：4892－4906.

[297] Boerema A，Rebelo A J，Bodi M B，et al. Are ecosystem services adequately quantified［J］. Journal of Applied Ecology，2017，54（2）：358－370.

[298] 赵文武，刘月，冯强，等. 人地系统耦合框架下的生态系统服务［J］. 地理科学进展，2018，37（1）：139－151.

[299] Schröter M，Barton D N，Remme R P，et al. Accounting for capacity and flow of ecosystem services：A conceptual model and a case study for Telemark，Norway［J］. Ecological Indicators，2014，36：539－551.

[300] Burkhard B，Kandziora M，Hou Y，et al. Ecosystem service potentials，flows and demands：Concepts for spatial localisation，indication and quantification［J］.

Landscape On line，2014，34：1-32.

[301] 赫尔曼·E·戴利，乔舒亚·法利．生态经济学原理和应用（第二版）［M］．北京：中国人民大学出版社，2011.

[302] 张国伟，李三忠，刘俊霞，等．新疆伊犁盆地的构造特征与形成演化［J］．地学前缘，1999（4）：203-214.

[303] 何辉，玉素甫江·如素力．2001—2015年伊犁地区植被NDVI变化及其影响因子的相对作用分析［J］．中南林业科技大学学报，2019，39（10）：76-87.

[304] 谈旭，王承武．伊犁河谷生态系统服务价值时空演变及其驱动因素［J］．应用生态学报，2023，34（10）：2747-2756.

[305] 李静，李涛，刘建明，等．新疆伊犁河谷天然牧草生产力及载畜能力变化分析［J］．中国饲料，2021（23）：87-92.

[306] 伊犁哈萨克自治州人民政府．2022年7月伊犁州直饮用水水源水质信息［EB/OL］．（2022-7-26）［2023-10-15］．http：//www.xjyl.gov.cn/xjylz/c112843/202212/85ab09318af241ba94f11dbedd91a48e.shtml.

[307] Sharp R，Tallis H T，Ricketts T，et al. InVEST 3.2.0 User's Guide［M］．Stanford：The Natural Capital Project，2015.

[308] Zhang L，Dawes W R，Walker G R. Response of mean annual evapotranspiration to vegetation changes at catchment scale［J］．Water Resources Research，2001，37（3）：701-708.

[309] Shao-Fu D，Tai-Bao Y，Biao Z，et al. Vegetation Cover Variation in the Qilian Mountains and its Response to Climate Change in 2000—2011［J］．Journal of Mountainence，2013，10（006）：1050-1062.

[310] 邓兴耀，姚俊强，刘志辉．基于GIMMS NDVI的中亚干旱区植被覆盖时空变化［J］．干旱区研究，2017，34（1）：10-19.

[311] 贾俊平．统计学［M］．北京：清华出版社，2004.

[312] 刘思峰．灰色系统理论及其应用［M］．北京：科学出版社，2004.

[313] 新源县人民政府．新源县2022年政府工作报告［EB/OL］．（2022-2-15）［2023-12-23］．http：//www.xinyuan.gov.cn/xinyuan/c113924/202202/5a2621d2472c4-098a34791a8ed8f7c4f.shtml.

[314] 张宾宾，王延荣，许冉，等．个人特征差异对城镇居民水素养水平的影响研究——以中部六省省会城市为例［J］．干旱区资源与环境，2020，34（2）：58-63.

[315] Bipasha S，Osama E，Chandra S K，et al. Water conservation behavior：Exploring the role of social，psychological，and behavioral determinants［J］．Journal of Environmental Management，2022，317.

[316] Ana B. Casado-Diaz，Sancho-Esper F M，Rodriguez-Sanchez C，et al. Tourists' water

conservation behavior in hotels：the role of gender［J］. Journal of Sustainable Tourism，2020，30（7）.

［317］彭保发，郑俞，刘宇. 耦合生态服务的区域生态安全格局研究框架［J］. 地理科学，2018，38（3）：361-367.

［318］李思楠，赵筱青，普军伟，等. 西南喀斯特典型区国土空间功能质量评价及耦合协调分析——以广南县为例［J］. 自然资源学报，2021，36（9）：2350-2367.

［319］Li D，Wu S，Liu L，et al. Evaluating regional water security through a freshwater ecosystem service flow model：A case study in Beijing-Tianjian-Hebei region，China ［J］. Ecological Indicators，2017，81（10）：159-170.

［320］Wang J，Zhai T L，Lin Y F，et al. Spatial imbalance and changes in supply and demand of ecosystem services in China［J］. Science of the Total Environment，2019，657：781-791.

［321］Zhang Z，Peng J，Xu Z，et al. Ecosystem services supply and demand response to urbanization：A case study of the Pearl River Delta，China［J］. Ecosystem Services，2021，49（1）：101274.

［322］自治区党委自治区人民政府. 关于深入打好污染防治攻坚战的实施方案［N/OL］. 新疆日报，2022-08-24（A03）［2023-12-29］. http：//www. xjhbcy. cn/blog/article/10090.

［323］易阿岚，孙清，王钧. 基于SD模型的上海市湿地生态系统服务变化过程与情景研究［J］. 生态学报，2020，40（16）：5513-5524.